LES FEMMES DE DIEU

Victor HAÏM

Editions théâtrales ART ET COMEDIE
102, rue Léon-Maurice Nordmann
75013 PARIS

NOTE DE L'AUTEUR

Que j'écrive des fables - avec ce que ce genre peut contenir d'humour ou de dérision - ou des pièces plus dramatiques - comme *"Les Femmes de Dieu"* - j'ai le sentiment qu'une nécessité impérieuse m'impose ce qu'on appelle "une distance". Distance de l'onirisme, du conte pour enfants, de la farce, mais aussi, parfois, distance née d'une époque précise qui oblige à un langage déterminé.

Depuis que je compose des pièces, où une certaine violence, qui m'étonne moi-même, doit sans doute agir comme une catharsis, j'ai cherché non pas à déposer mon message - comme sur un répondeur - mais au moins à appeler à la vigilance. Je dis simplement : "Faites attention aux truqueurs, aux snobs, aux intégristes et aux manipulateurs ! N'avalez pas leurs couleuvres."

"Les Femmes de Dieu" n'échappent pas à cette règle. C'est une pièce qui m'obsède. Vingt fois sur le métier, j'ai remis mon ouvrage. Sans le Cercle Molière, de Nice, compagnie d'amateurs qui, la première, a confronté avec talent le texte au public, seul juge suprême de l'efficacité scénique, cette pièce ne serait pas complètement aboutie. Que cette troupe enthousiaste soit ici remerciée.

Victor HAÏM

Victor Haïm est né à Asnières, dans les Hauts-de-Seine. Il passe son enfance à Nantes et, en 1954, vient à Paris où il suit les cours de l'école Supérieure de Journalisme. Pour vivre, il fait plusieurs métiers : manutentionnaire, enquêteur commercial, etc.

En 1960, il rentre de la guerre d'Algérie et travaille dans un journal économique. Il écrit des pièces et, en 1963, rencontre Pierre Valde, un ancien assistant de Charles Dullin qui montera *"La peau du carnassier"*. Suivront *"Mourir en chantant"*, *"L'arme blanche"*, *"La peau d'un fruit"*, *"La visite"*, *"Comment harponner le requin"*, *"Abraham et Samuel"*, *"Isaac et la sage femme"*, *"La servante"*, *"Les fantasmes du boucher"*, *"L'escalade"*, *"Le rire de David"*, *"Belle famille"*, *"Accordez vos violons"*, *"Chair amour"*, *"Le vampire suce toujours deux fois"*.

Ses pièces sont publiées à l'Avant-Scène Théâtre, sauf *"La valse du hasard"*, aux Editions *"Papiers"*, mais également aux Editions des Quatrevents et chez Crater : *"Qui a tué le général"*.

Victor Haïm a été vice-président de la Société des Auteurs et Compositeurs Dramatiques, secrétaire du Centre Français du Théâtre. Il a été professeur d'art dramatique durant six ans.

Son œuvre a été récompensée par six prix et jouée dans 22 pays (traduites en une quinzaine de langues).

PERSONNAGES

ARMANDE : entre 50 et 60 ans

FREDERIC DE VIT CARNASSE : la cinquantaine

CHARLOTTE : environ 70 ans

MATHILDE : environ 30 ans

LAURENCINE : 20 ans

SOPHIE : entre 30 et 40 ans

MELANIE : entre 30 et 40 ans

Un seul décor.

La pièce centrale d'une demeure bourgeoise à la fin du XIXème sicèle, en Bourgogne.

PREMIER TABLEAU

Frédéric de Vit Carnasse est ici comme chez lui. Il considère avec un intérêt professionnel une très jeune candidate à un emploi de domestique.

FREDERIC : Vous avez l'air en bonne santé.

LAURENCINE : Je le suis. Jamais malade. Aucune douleur.

FREDERIC : Quel âge avez-vous ?

LAURENCINE : Vingt ans.

FREDERIC : Vous avez l'esprit de camaraderie ?

LAURENCINE : Oui. Je m'entends bien avec tout le monde.

FREDERIC : Vraiment avec tout le monde ?

LAURENCINE : *(hésitant)* Oui. Je crois bien que oui.

FREDERIC : Ceux qui vous ennuient, qui vous tracassent... Vous vous entendez bien avec eux ?

LAURENCINE : Là, c'est différent. Je n'aime pas qu'on m'embête... Enfin, pas trop.

FREDERIC : Brave fille, avec du caractère... J'aime bien. Vous avez du caractère ? Je ne me trompe pas ?

LAURENCINE : Peut-être, Monsieur, je ne sais pas.

FREDERIC : Ici, ça n'est pas toujours facile le travail. Il faut avoir du caractère... et bon caractère.

LAURENCINE : C'est bien normal.

FREDERIC : La mort rôde...

LAURENCINE : Ah, bon ?

FREDERIC : Là, à côté... La mort joue aux échecs avec mon Maître. C'est une partie qui dure depuis longtemps.

LAURENCINE : Je ne connais pas ce jeu...

FREDERIC : Ils sont malins tous les deux.

LAURENCINE : Qui ça ?

FREDERIC : Le squelette avec une faux et mon Maître... C'est pour cela que la partie est longue. Ils se prennent leurs soldats, leurs chevaux, leurs tours et même leur reine Ils ne jouent plus qu'avec leurs fous.

(Laurencine esquisse un sourire.)

Ça n'est pas très joyeux ce que je dis là. Mais ce qui n'est pas joyeux n'est pas obligatoirement tragique.

LAURENCINE : Tant mieux.

FREDERIC : Tu auras deux camarades. Elles sont plus âgées que toi... Vous aurez le même travail à faire.

LAURENCINE : C'est bien. Je suis prête à travailler quand vous voudrez, Monsieur.

FREDERIC : Si, dans quelques jours, tu t'aperçois que le travail ne te convient pas, tu partiras, mais tu dois me le dire huit jours à l'avance.

LAURENCINE : Ça me plaira.

FREDERIC : Peux-tu le savoir d'ores et déjà ?

LAURENCINE : Ça fait tellement longtemps que je cherche un bon labeur dans une maison sérieuse... Le Maître est gentil ?

FREDERIC : Tu ne le verras pas. On ne doit pas l'approcher... Par prudence.

LAURENCINE : Ah ?!

FREDERIC : Ce qu'il a est peut-être contagieux. Ce n'est pas sûr du tout. Rien ne le prouve. Il s'agit de prudence, c'est tout.

LAURENCINE : Ah, bon ?

FREDERIC : Si tu as peur, tu peux prendre tes jolies jambes à ton joli cou...

LAURENCINE : Non, non, ça me plaira... C'est trop dur de trouver une place... En ville c'est impossible.

FREDERIC : Tu as vraiment besoin de gagner ta vie ?

LAURENCINE : Ah oui !

FREDERIC : Tes parents sont pauvres ?

LAURENCINE : Mon père a quitté ma mère. Ma mère a suivi un bonhomme et elle m'a laissée... J'avais onze ans. J'ai travaillé chez beaucoup de gens... J'ai trouvé des places de mieux en mieux, question appointements, je parle. La dernière place, c'était agréable. On disait toujours qu'on allait me payer et ça ne venait pas. Un jour j'ai réclamé mais la dame m'a dit : "Ma petite, j'ai fermé les yeux, mais ça suffit..." Je ne comprenais pas. Alors j'ai dit : "Pourquoi vous fermez les yeux, Madame ?" Elle s'est mise en colère : "Vous tournez autour de Monsieur comme une guêpe autour d'un pot de miel..." J'étais outrée.

FREDERIC : Tu me plais Laurencine ! On va bien s'entendre.

LAURENCINE : Monsieur... Qui s'occupe du Maître si personne ne peut l'approcher ?

FREDERIC : Je n'ai pas dit que personne ne pouvait l'approcher. Moi je le vois chaque jour. Plusieurs fois par jour. Il me parle. Il se confie à moi. Il me fait entièrement confiance. Il me considère comme son frère... Enfin comme son fils. Je suis un autre lui-même. Je suis son corps plein de santé, je fais les gestes qu'il ne peut faire. Il ouvre la bouche, je le sers. Parfois, comme les enfants, il fait la moue. Il ne veut pas des plats que prépare Charlotte : une orfèvre dans la préparation de mets succulents !... Alors, s'il refuse la cuisine de Charlotte, je lui dis : "une pour moi", et je mange une bouchée ; "une pour Charlotte" - et je mange une bouchée - "une pour votre fille, qui viendra bientôt vous voir" - et je remange une bouchée... Et souventes fois, mon obstination porte ses fruits ; il entrouvre les lèvres et je lui glisse ce qu'il faut pour qu'il ne meure pas d'inanition. Mais j'ai pris de l'embonpoint.

LAURENCINE : Il vous doit beaucoup...

FREDERIC : La vérité est la vérité : il me doit la vie. Il le sait bien. Tergiverser avec mon devoir, cela équivaudrait pour moi à jouer ma conscience aux dés avec des brigands pour gagner de quoi m'acheter de l'alcool.

LAURENCINE : Quand il sera guéri, il vous récompensera.

FREDERIC : Tu vois juste. Mais je fais mon devoir. Rien que mon devoir... Au travail maintenant Laurencine. *(Il va vers une porte et l'ouvre.)* Venez un instant.

Je vais vous présenter la nouvelle. Voici Sophie et Mélanie !

(Entrent les deux femmes plus âgées que Laurencine.)

LAURENCINE : Moi c'est Laurencine.

(Elles se saluent.)

FREDERIC : Charlotte vous transmettra mes ordres... Nous nous entendrons bien. Vous êtes des femmes robustes. Belles et robustes... Charlotte vous donnera du savon pour que le linge soit d'une propreté... que nous vérifierons. Vous frotterez ! Frotterez ! Femmes robustes, servantes énergiques, pouliches solides... Vous frotterez. Lorsque le savon sera usé, épais comme le petit doigt, vous le montrerez à Charlotte et elle vous en donnera un autre morceau. Voilà.

(Entre une forte femme, la soixantaine passée, l'air préoccupé.)

Et qui entre, accorte souillon, rivière rieuse dans un paysage altéré ?... Charlotte ! Sonnez trompette !

CHARLOTTE : *(rébarbative)* Salut !

FREDERIC : Voici Charlotte ! Notre maître-queux, active, toujours de bonne humeur !

CHARLOTTE : Et votre grand-mère, elle est de quelle humeur ?

FREDERIC : Ne soyez pas émues par le ton de ce démon. Je ne peux rien lui reprocher. Elle me tient par la gueule. Elle me passe sous le nez un gigot fleurant l'ail sur un moelleux canapé de haricots... le dépose devant moi, et je la trouve aimable et je lui pardonne tout.

CHARLOTTE : Vous mangez trop. Vous serez paralysé.

FREDERIC : Tu me soigneras, comme nous soignons notre Maître !

CHARLOTTE : Je vous ferai votre toilette mon mignon... Quel plaisir de vous mettre sur le dos, de soulever vos jambes et de vous nettoyer les fesses !

FREDERIC : Charlotte, ça suffit ! Tu n'es qu'une esclave !

CHARLOTTE : Vous aussi. Chef des esclaves, mais esclave quand même ! On ne sait jamais de quel côté ça penche !

FREDERIC : Tu ne perds rien pour attendre. Au travail, au travail ! *(Il sort, furieux.)*

CHARLOTTE : "Au travail !" Comme si on s'arrêtait ! Vous, vous allez laver le linge. S'il vous semble propre après votre lavage, relavez-le ! Il ne l'est pas assez ! Et s'il vous paraît très, très propre, insistez encore, parce que notre Maître dégorge son mal en perdant son sang : ce qu'on lui met sur la peau ne doit pas comporter l'ombre d'une poussière... Les docteurs ont demandé ça. Quand tout sera propre, quand tout sera net, alors son sang sera propre aussi... C'est ce que j'ai compris ! Il va guérir... Les docteurs l'ont dit. Ils ont l'air bien. Ils s'essuient les pieds avant d'entrer ! Si c'est propre, on s'entendra bien.

FIN DU PREMIER TABLEAU

DEUXIÈME TABLEAU

Quelques jours plus tard. A côté de chaque femme, un petit tas de linge.

Laurencine, la plus jeune, frotte avec énergie sans s'occuper de ses compagnes qui ont tendance à s'interrompre pour bavarder.

SOPHIE : T'es tombée sur un vicieux. Il ne fallait pas te marier. Moi, le mien, il n'était pas vicieux mais il est mort. Chute de cheval.

MELANIE : Comment ils sont quand ils ne sont pas vicieux ? J'espère que je vais enfin en rencontrer un qui ne le sera pas. J'ai encore l'âge, non ?

SOPHIE : Ton vicieux va peut-être revenir... On verra si tu auras le courage de lui dire qu'il a le cerveau de travers.

(Entre Charlotte. Elle a des paniers au bout des bras. Elle vient de l'extérieur.)

CHARLOTTE : Il gèle.

LAURENCINE : Pourquoi est-ce qu'on n'a pas d'eau chaude ?

CHARLOTTE : Le savon s'use plus vite avec l'eau chaude.

SOPHIE : Charlotte, regarde un peu mes mains !... Je ne les sens plus.

CHARLOTTE : Si tu les sens plus, tu n'as plus mal.

SOPHIE : Je vais en parler à Monsieur de Vit Carnasse.

CHARLOTTE : Il ne peut rien, Frédéric. C'est pas lui le patron !

SOPHIE : Qu'est-ce qu'il est ? C'est lui qui remplace le Maître ?

CHARLOTTE : Il ne remplace pas le Maître. Le Maître lui a donné des pouvoirs lorsqu'il a compris que sa santé lui jouait de mauvais tours. Monsieur

Frédéric de Vit Carnasse, c'est l'homme de confiance. C'est comme ça que ça s'appelle. Ce n'est pas moi qui l'ai choisi !

SOPHIE : En tout cas, c'est lui qui commande.

CHARLOTTE : Pour un temps. Une brisure. Tenez, voilà de quoi vous distraire...

(Elle leur donne du linge.)

LAURENCINE : Il paraît qu'on mange bien ici.

CHARLOTTE : Ça oui... Si Monsieur de Vit Carnasse vous laisse le temps d'apprécier, vous apprécierez.

MELANIE : Qu'est-ce que ça veut dire ?

SOPHIE : Il mange tout ?

CHARLOTTE : Souvent, il laisse un petit quelque chose, pour faire croire qu'il se surveille, mais pendant la nuit, il se lève et finit les restes. Et les restes de Monsieur de Vit Carnasse... Je n'en dis pas plus. Quand je pense qu'il était dans la cavalerie !

LAURENCINE : Et alors, il a mangé son cheval ?

(Elles rient.)

CHARLOTTE : *(haussant les épaules)* Quelle niguedouille ! *(Elle sort.)*

SOPHIE : Vous avez vu ? Ils se détestent.

MELANIE : Charlotte, elle aime le Maître. Elle a toujours été à son service ! Et quand le Maître est tombé malade, elle a cru que c'est elle qui dirigerait la maison. Et pas du tout. Le Maître a décidé que ce serait Frédéric de Vit Carnasse.

SOPHIE : Et Charlotte ça lui fait peine.

LAURENCINE : Oui, mais pourquoi le Maître il a choisi cet homme-là ?

SOPHIE : L'homme de confiance. Elle l'a dit Charlotte.

MELANIE : Je n'aime pas bien cette façon qu'il a de me regarder... C'est comme si j'étais toute nue !

SOPHIE : Toi, tu ne penses qu'à ça !

MELANIE : C'est faux ! Tu n'as pas le droit de dire des choses pareilles ! Tu n'as pas le droit !

SOPHIE : Elle se fâche !

LAURENCINE : Tu l'embêtes !

SOPHIE : *(à Mélanie)* Bon, ça va. Tu ne penses pas toujours à ça... *(Un temps)* mais tu y penses souvent... *(Rires.)*

MELANIE : Je ne sais pas comment je dois le prendre.

SOPHIE : Ecoute, je n'ai pas été sous tes jupons pour voir si tes cuisses étaient brûlantes.

MELANIE : Elles le sont peut-être, mais ça ne te regarde pas.

> *(Sophie et Laurencine rient.)*

Bêtes ! Triples buses !

> *(Entre Charlotte, épanouie, exaltée.)*

CHARLOTTE : Il va falloir faire le grand ménage ! On attend quelqu'un.

SOPHIE : Qui ?

CHARLOTTE : Quelqu'un de bien !

SOPHIE : Un homme ?

CHARLOTTE : Non.

LAURENCINE : Une femme alors ?

> *(Elles rient.)*

SOPHIE : Gagné !

MELANIE : Qui est-ce ?

CHARLOTTE : *(très cérémonieuse)* On attend la fille du Maître. On attend la lumière. On attend son chef-d'œuvre.

SOPHIE : Tu la connais ?

CHARLOTTE : C'est ma fille. Elle a bu mon lait, je bois ses paroles. C'est la divinité des divinités.

LAURENCINE : Comment est-elle ?

CHARLOTTE : Belle comme le jour... quand le printemps vient d'accoucher de ses merveilles. Son père et elle : des jumeaux qui seraient nés au paradis avec toutes les bénédictions de Dieu !

MELANIE : Pourquoi est-ce qu'elle n'est pas venue plus tôt ?

CHARLOTTE : Son père ne voulait pas qu'on la dérange, qu'on l'inquiète. C'est une femme occupée. Son mari est ministre.

SOPHIE : Ministre ?

CHARLOTTE : Enfin, un genre de ministre... Il est fonctionnaire.

MELANIE : Elle est riche ?

CHARLOTTE : Elle manque de rien. Un bijou pareil ne doit manquer de rien…

LAURENCINE : Elle vient toute seule ?

CHARLOTTE : Oui. Elle est très loin, en Grèce... Elle laisse ses trois garçons ! Je ne les connais pas. Trois fois maman !

MELANIE : Et elle laisse son mari ? Moi, je ne laisserais pas mon mari seul, loin, comme ça !

SOPHIE : Toi, avec tes histoires de mari ! Ce n'est peut-être pas un vicieux, lui !

CHARLOTTE : Qu'est-ce que c'est que ces histoires ?

MELANIE : Et Frédéric, il la connaît la fille du Maître ?

CHARLOTTE : Il ne la connaît pas comme moi je la connais. Un point c'est tout. *(Elle va pour sortir.)* Il faut que cette maison devienne un château. Un château, vous m'entendez.

FIN DU DEUXIÈME TABLEAU

TROISIÈME TABLEAU

Même lieu. Quelques jours plus tard.
Les trois femmes sont là ainsi que Charlotte et, à ses côtés, Frédéric.
Mathilde, la fille du Maître a fini de saluer chacun. Elle embrasse Charlotte sur les joues.

MATHILDE : Charlotte, tu n'as pas changé.

CHARLOTTE : Des paroles qu'on dit, comme ça...

MATHILDE : Bon, tu as toujours raison : tu as un tout petit peu grossi, disons, pour être franche.

CHARLOTTE : *(jetant un œil à Frédéric de Vit Carnasse)* C'est pourtant pas moi qui mange le plus !

MATHILDE : Ça te va bien ces rondeurs...

CHARLOTTE : C'est vrai ?

(Elle embrasse les mains de Mathilde avec ferveur.)

FREDERIC : Charlotte !

CHARLOTTE : *(à Mathilde)* Je suis si heureuse que vous soyez là ! Pardonnez-moi.

FREDERIC : Excusez-la. Elle est émue.

MATHILDE : Cette émotion me touche, Monsieur de Vit Carnasse.

CHARLOTTE : J'ai peut-être grossi, mais c'est à cause des soucis.

MATHILDE : Je comprends.

(A toutes les femmes.)

MATHILDE : Monsieur de Vit Carnasse m'a dit beaucoup de bien de vous toutes. Vous êtes dévouées, vous êtes travailleuses et de bonne humeur. Un jour, vous verrez mon père. Il vous félicitera lui-même. Il n'est pas ingrat. J'ignorais qu'il fût si malade. Je déplore qu'on me l'ait caché mais il paraît que c'était son souhait. Il a une confiance totale en Monsieur de Vit Carnasse et je crois que c'est très important qu'il sache que sa maison, qu'il aime tant, n'est pas laissée à l'abandon durant sa maladie. Je félicite Monsieur de Vit Carnasse.

FREDERIC : Je vous remercie. Je ne fais que mon devoir.

MATHILDE : Je vis trop loin de mon père. Je me le reproche.

CHARLOTTE : Vous pourriez venir vivre ici avec les enfants.

FREDERIC : Allons, ne dis pas de bêtises !

CHARLOTTE : Ce ne sont pas des bêtises.

FREDERIC : Vous devriez vous reposer maintenant, Madame.

CHARLOTTE : Votre chambre est prête.

MATHILDE : Merci Charlotte. Tu peux retourner à tes tâches... Vous aussi Monsieur de Vit Carnasse.

(Ils s'inclinent et sortent tous les deux.)

SOPHIE : Madame, est-ce que je peux vous demander quelque chose ? C'est moi qui demande mais mes amies sont d'accord.

MATHILDE : Oui, je vous écoute.

SOPHIE : On pourrait avoir de l'eau chaude pour laver tout ce qu'il y a à laver ?

MATHILDE : Il me semble que ça n'est pas très difficile... Vous lavez tout à l'eau froide ?

SOPHIE : Oui.

MELANIE : Les draps, les chemises, les serviettes... Tout. Il en faut. On change tout ça cinq à six fois par jour.

MATHILDE : C'est la plus vive recommandation des médecins, vous le comprenez !

MELANIE : On ne les voit pas beaucoup les médecins...

MATHILDE : Qu'est-ce que vous voulez dire ?

MELANIE : L'autre jour j'ai entendu Charlotte parler à Monsieur de Vit Carnasse. Je n'étais pas indiscrète puisqu'ils parlaient devant moi et c'était dur de me boucher les oreilles : j'avais les deux mains occupées !

MATHILDE : Et alors ?

MELANIE : Ils parlaient des remèdes que votre père doit prendre, Madame. Et Charlotte a dit à Monsieur de Vit Carnasse que ce n'était pas le bon Dieu, qu'il pouvait bien se tromper et qu'il devait consulter plus souvent les médecins, et... *(Elle hésite.)*

MATHILDE : Je vous écoute.

MELANIE : Et que c'était facile d'empoisonner quelqu'un... Je veux dire qu'elle avait l'air de penser que Monsieur de Vit Carnasse pouvait faire une erreur...

SOPHIE : Ce n'est pas le bon Dieu, Monsieur de Vit Carnasse, et pourtant...

LAURENCINE : ... Quelquefois, il parle comme s'il était le bon Dieu.

MATHILDE : Votre inquiétude à vous toutes est touchante. Mais vous ne savez pas à quel point Frédéric de Vit Carnasse aime et respecte mon père. Charlotte est jalouse. C'est humain. Je ne suis pas mécontente que chacun surveille l'autre... Allons, je vous laisse travailler.

FIN DU TROISIÈME TABLEAU

QUATRIÈME TABLEAU

Même lieu, la nuit.

Frédéric seul, dans l'ombre, achève de sucer un os avec un acharnement carnassier. Il est en chemise de nuit. Entre Mathilde, un châle sur les épaules. Elle signale sa présence par un léger bruit. Frédéric se retourne et cache son os dans son dos, confus.

FREDERIC : Il ne restait vraiment plus grand chose. C'est un amusement en quelque sorte... Utile dans les périodes d'insomnie.

MATHILDE : Je comprends très bien... Je n'arrive pas à dormir non plus.

FREDERIC : Pardonnez ma tenue, Madame.

(Il fait quelques pas pour se retirer.)

MATHILDE : Mon père va-t-il guérir ?

FREDERIC : Je le souhaite comme vous, Madame. Excusez-moi, il faut que je me retire...

MATHILDE : Mais enfin, vous n'êtes pas tout nu.

FREDERIC : C'est pire. En chemise, avec un os à la main.

MATHILDE : J'ai vu des hommes dans des situations plus cocasses.

FREDERIC : Je suis confus, vraiment...

MATHILDE : Ne le soyez pas. Restez et parlons, juste un instant.

FREDERIC : Bon... Si vous le souhaitez...

MATHILDE : Pourquoi le professeur qui doit suivre mon père - quasiment au jour le jour - ne vient-il pas plus régulièrement ?

FREDERIC : C'est à lui de décider, Madame. Il n'a pas jugé opportun de venir plusieurs fois par semaine.

MATHILDE : Cela veut dire qu'il croit mon père condamné !

FREDERIC : Le professeur Sardonnet - c'est de lui que vous parlez, n'est-ce pas ? - a délégué un de ses jeunes confrères. J'ai tout de suite pensé qu'il était incompétent.

MATHILDE : Vous avez pensé ? Qu'est-ce que cela veut dire ?

FREDERIC : Je lui posais des questions, mais également je lui expliquais ce que je faisais pour soigner votre père. J'ai introduit deux ou trois indications absurdes dans la conversation pour vérifier ses réactions.

MATHILDE : C'est-à-dire ?

FREDERIC : Quelques éléments aberrants qui tueraient un bœuf en pleine santé. Et ce blanc-bec n'a pas réagi. J'ai compris.

MATHILDE : Si bien que vous ne voyez plus ce jeune médecin ?

FREDERIC : Voilà. Si j'avais continué à le recevoir, vous seriez ici pour les funérailles de votre père, pas pour le réconforter par votre présence.

MATHILDE : Vous êtes certain de ce que vous prétendez ?

FREDERIC : Oui.

MATHILDE : Soit. Je ne vous savais pas si rusé...

FREDERIC : Je suis là pour sauver votre père, pas pour l'assassiner ! En revanche, je puis facilement assassiner celui qui prétendrait le perdre ou qui lui ferait du mal.

MATHILDE : Bien.

(Un temps.)

Vous croyez que ma présence est nécessaire actuellement dans cette maison ?

FREDERIC : Je le crois, oui... Mon Maître doit être heureux... enfin, cela lui fait du bien de vous voir.

MATHILDE : Vous le croyez vraiment ?

FREDERIC : Oui. Je le sais. Je suis capable d'éliminer ceux qui lui veulent du mal.

MATHILDE : Vous êtes violent, on dirait ! Rusé et violent !

FREDERIC : Intelligent et impulsif, si ça ne vous dérange pas trop. Je suis déjà dans une situation suffisamment embarrassante pour ne pas être accablé de mauvaises épithètes.

MATHILDE : Ces filles que vous avez trouvées me semblent sérieuses. Elles me font la meilleure impression.

FREDERIC : Oui... Elles ne sont pas si mal que ça.

MATHILDE : Vous n'êtes pas enthousiaste.

FREDERIC : Elles ont le ventre chaud. Elles attendent l'homme, pour ne pas dire la bête. Ça les déconcentre !

MATHILDE : Que faire ? Vous risquez de subir quelques éclats pénibles.

FREDERIC : Je saurai résister.

MATHILDE : Je crois que vous me comprenez mal.

FREDERIC : Pas du tout, pas du tout. Elles ont envie de moi. C'est une chose qu'un homme sait percevoir. Ce désir impérieux est utile à mon gouvernement. Je ne pratique pas le mélange des genres.

MATHILDE : Vous êtes un homme étonnant ! Etonnant ! Quelle maîtrise !

FREDERIC : Vous êtes caustique !

MATHILDE : Disons plutôt : amusée.

FREDERIC : C'est parce que je suis en chemise. Si je vous disais tout cela en habit, vous seriez éblouie !

MATHILDE : Non, non. Vous êtes un homme très intéressant. Très intéressant !
(Il frissonne.)
Cela vous gêne ? Je veux dire : les épithètes flatteuses...

FREDERIC : Non, non. Je frissonne parce que j'ai un peu froid...

MATHILDE : Pardonnez-moi, je vous ai retenu.
(Il s'incline et va pour sortir.)
Ces femmes sont épuisées n'est-ce pas ?

FREDERIC : Elles sont pleines de vie, elles sont musculeuses. Ce sont des pouliches satinées.

MATHILDE : Sophie m'a dit que l'eau était froide. C'est stupide. L'eau doit être chaude. C'est mieux à tous points de vue.

FREDERIC : *(montrant son index, puis son bras)* On leur donne ça, elles demandent ça.

MATHILDE : Il faut qu'elles soient efficaces. Donnez-leur les moyens de l'être davantage.

FREDERIC : Bien. Bonne nuit Madame. Excusez-moi.

MATHILDE : Frédéric !

FREDERIC : Oui.

MATHILDE : Vous avez toujours froid ?

FREDERIC : Un peu.

(Elle lui lance son châle.)

MATHILDE : Couvrez-vous.

FREDERIC : Madame, non... je...

MATHILDE : Je n'ai pas froid. J'ai quelque chose d'important à vous dire.

(Un temps.)

Mon père m'a regardée longuement sans dire un mot. Puis il a dit le nom de chacun de mes fils, sans se tromper.

FREDERIC : Il a sa tête. La vie est encore en lui... et pour longtemps. Il a dit le nom de vos trois fils !

MATHILDE : Oui... Pouvez-vous m'expliquer pourquoi il n'a pas su retrouver le mien ?

FREDERIC : Il n'a pas dit votre nom ?

MATHILDE : Mais il en a dit un autre.

FREDERIC : Ah...

MATHILDE : S'agit-il de bizarreries de la mémoire ? Est-il possible d'admettre que mon père ait oublié le mien et ait retenu ceux de ses petits-enfants ?

FREDERIC : Je ne puis répondre, Madame.

MATHILDE : *(émue)* Veut-il me punir de l'avoir quitté ?

FREDERIC : Je ne crois pas.

MATHILDE : Il a dit un autre nom... Pourquoi ?

FREDERIC : *(un temps)* Armande ?… Il a dit Armande, n'est-ce pas ?

MATHILDE : Qui est-ce ? Vous le savez ? Il a déjà prononcé ce prénom ?

FREDERIC : Au début de sa maladie, oui.

MATHILDE : De qui s'agit-il ?

(Silence de Frédéric.)

Ecoutez-moi, Monsieur de Vit Carnasse ; il y a douze ans que j'ai quitté cette maison. Ma mère est morte. Qui est Armande ? Une maîtresse de mon père ?

FREDERIC : Sans doute...

MATHILDE : Notre langue est ainsi faite que "sans doute" veut dire qu'il y a un doute.

FREDERIC : D'après moi, il n'y a pas de doute.

MATHILDE : Qu'il ait une maîtresse, ou qu'il en ait eu cent, je m'en moque !

FREDERIC : Il vous adore, Madame.

MATHILDE : Connaissez-vous Armande ?

FREDERIC : Non. Elle n'est pas ici. Je ne l'ai jamais vue.

MATHILDE : Vous en savez long en fin de compte.

FREDERIC : Assez, oui. C'est ma fonction.

MATHILDE : Alors ? La suite, s'il vous plaît.

FREDERIC : Depuis des années, il lui écrit, Madame. Enfin, il lui écrivait. Il y a environ trois ans, il a cessé. Elle a cessé d'écrire également.

MATHILDE : Elle répondait à ses lettres ?

FREDERIC : Oui.

MATHILDE : Vous ne savez donc pas s'il s'agit ou d'une femme de son âge ou d'une femme jeune.

FREDERIC : Comme on dit : elle semble contemporaine de votre père.

MATHILDE : Qu'est-ce qui vous fait dire cela ?

FREDERIC : Dans une des lettres, votre père avait écrit : "En amour, à nos âges, un tien vaut mieux que deux tu l'auras".

MATHILDE : Comment savez-vous cela ?

FREDERIC : C'est mon devoir d'être au courant.

MATHILDE : Vous avez lu ses lettres !

FREDERIC : Pas toutes. Je n'ai lu que celles qui avaient de l'humour.

MATHILDE : Ce que vous dites n'en manque pas. Vous vous en rendez compte ?

FREDERIC : Je me rends toujours compte de ce que je dis, Madame.

MATHILDE : Et si mon père savait ?

FREDERIC : Il lui arrivait de me demander de lui souffler quelques formules licencieuses pour rendre ses lettres plus captivantes. Malgré mon dévouement, je suis rétif à rendre ce genre de services...

MATHILDE : Vous m'inquiétez beaucoup Monsieur de Vit Carnasse.

FREDERIC : Ce n'est pas mon dessein. Dès que je vous ai vue, je me suis promis de ne jamais vous mentir. On ne peut pas vous mentir.

MATHILDE : On le peut fort bien, croyez-moi.

FREDERIC : Celui qui vous ment ira en enfer. Vous êtes trop belle, trop noble pour qu'on vous mente.

MATHILDE : *(un temps)* Je vais vous confier une mission délicate.

(Un temps.)

Il faut trouver Armande et l'amener ici.

FREDERIC : Elle a changé d'adresse dix fois ! C'est une saltimbanque.

MATHILDE : Je ne plaisante pas.

FREDERIC : Elle ne voudra peut-être pas venir.

MATHILDE : Vous serez mon ambassadeur. Allez la chercher. Trouvez-la. Mon père doit guérir. Armande l'aidera.

FREDERIC : Nous sommes là, nous ! A quoi nous servons ? Vous croyez qu'elle effacera les souillures du linge ! Et qu'elle lavera la charpie ?

MATHILDE : Ne soyez pas de mauvaise foi, Monsieur de Vit Carnasse. Il n'est pas question de sa compétence mais de sa présence. La place de cette femme est auprès de mon père.

FREDERIC : C'est une initiative contestable... Pensez-vous que votre père n'a pas assez d'émotions ?

MATHILDE : C'est lui qui a prononcé ce nom d'Armande ! C'est lui ! Je vous en prie, trouvez-la !

(Il la regarde un moment en silence puis il sort.)

FIN DU QUATRIÈME TABLEAU

CINQUIÈME TABLEAU

Même lieu.

Les femmes lavent du linge ensanglanté. Laurencine est un peu en retard parce qu'elle lave plus minutieusement, donc plus longuement.

LAURENCINE : S'il va mieux, je me demande pourquoi il y a toujours autant de linge à laver.

MELANIE : Moi, j'ai fini. Regardez : plus rien. *(Elle se lève et s'étire.)* Fi-ni... pour aujourd'hui !

SOPHIE : Moi aussi. Ça va quand même mieux maintenant qu'on a de d'eau chaude.

LAURENCINE : Moi c'est pareil. C'est toujours aussi long.

(Entre Charlotte. Elle porte de nouveaux tas de linge.)

MELANIE : Oh, non ! C'est pour nous ?

CHARLOTTE : Et pour qui d'autre ?

SOPHIE : Et allez-y ! On a fini, on recommence. Pourquoi est-ce qu'on n'a-chète pas du linge neuf ? On n'a pas les moyens ?

CHARLOTTE : Qu'est-ce que ça change si on jette pas l'ancien ! Vous en aurez davantage à laver.

SOPHIE : On n'a qu'à jeter l'ancien.

CHARLOTTE : On jette l'ancien quand il est usé. Or l'ancien est plus soli-de que le neuf ; donc il faut conserver l'ancien.

LAURENCINE : Ouf ! J'ai fini. J'ai mal aux reins. J'ai mal aux genoux...

CHARLOTTE : Tu as fini ? Attends voir, je t'apporte une nouvelle ration.

LAURENCINE : Et le moment de repos, alors ?

CHARLOTTE : C'est les ordres.

SOPHIE : De Frédéric ?

CHARLOTTE : Monsieur de Vit Carnasse m'a dit qu'il fallait accélérer la cadence. Il faut changer les draps et sa chemise toutes les heures. Et il faut que ce soit impeccable. Il a insisté.

LAURENCINE : C'est vrai qu'il est allé chercher la femme du Maître, très loin ? Où ça ?

CHARLOTTE : Ce n'est pas la femme du Maître. La femme du Maître c'était la mère de Mathilde.

SOPHIE : Et celle qui va venir, tu la connais ?

CHARLOTTE : De réputation.

MELANIE : Comment ça ?

CHARLOTTE : Ça te regarde ?

SOPHIE : C'est elle qui va nous commander ?

CHARLOTTE : Sûrement pas. Celle qui commande, c'est Mathilde.

SOPHIE : Et Frédéric...

CHARLOTTE : Mathilde le remettra à sa place. Elle attend le bon moment pour le faire.

MELANIE : On verra ça.

CHARLOTTE : Allez les filles, au travail ! Il faudrait s'y donner avec autant d'ardeur que Laurencine. J'ai entendu Frédéric dire à Mathilde que le travail de Laurencine était parfait. C'est elle qui aura la prime. *(Laurencine se met à danser. Tout en dansant, elle chante.)*

LAURENCINE : La prime ! Oui ! Prime ! Prime ! Primevère ! Prime et Prime ! Primesautier !

MELANIE : Tu vas crever à force de la vouloir ta pauvre petite prime !

LAURENCINE : Prime ! Prime ! Je l'aurai ! Prime ! Prime ! Je... l'au-rai !

FIN DU CINQUIÈME TABLEAU

SIXIÈME TABLEAU

Frédéric de Vit Carnasse et Mathilde attendent.

FREDERIC : Ça fait une heure qu'elle est chez votre père la saltimbanque !

MATHILDE : Je vous en prie. Si vous la méprisez, soyez au moins silencieux !

FREDERIC : J'ai peur que votre père ne soit fatigué. Je suis prêt à gager qu'elle le fatigue.

MATHILDE : En quoi faisant, mon Dieu !

FREDERIC : Madame !

MATHILDE : Quoi ?

FREDERIC : Cette exclamation... qui est une insinuation !

MATHILDE : Soyons sérieux, Frédéric. S'ils évoquent leurs souvenirs d'amants, tant mieux ! Ça leur fait du bien à tous les deux.

FREDERIC : Peut-être pas, justement. C'est un imaginatif. Une évocation bien suggestive peut l'émouvoir davantage qu'une péripétie vécue médiocrement !

MATHILDE : Vous n'avez pas tort... Vous êtes un bon observateur.

(Entre Armande.)

ARMANDE : Pardonnez-moi. Je suis restée longtemps. Il tenait ma main. Nous avons peu parlé. Sa voix aurait trahi sa faiblesse, il le sait. Finalement, c'est bon signe... Il est encore coquet.

MATHILDE : Comment le trouvez-vous ?

ARMANDE : Comment je le trouve, plutôt... Pour être franche, je ne sais pas.

FREDERIC : Tiens, tiens.

ARMANDE : Eh oui... Il ne faudrait pas grand chose pour décréter que, même dans son état, il n'a pas perdu le sens de l'effet.

FREDERIC : Qu'est-ce que cela veut dire ?

ARMANDE : J'ai eu le sentiment que son regard conservait de l'ironie. Comment dire ? J'étais inquiète, il le voyait. Il sourit avec un œil... C'est un phénomène, cet homme-là. Admirable.

FREDERIC : Comment peut-on persifler alors qu'un homme lutte contre la mort !

ARMANDE : Non Monsieur. La mort est venue en reconnaissance mais elle a vu qu'il était trop tôt. Il m'a dit cela avec son regard. Vous, vous n'écoutez que son souffle.

FREDERIC : Il me prend la main aussi. Il me la serre. Et parfois c'est par gratitude, et parfois c'est à cause de la souffrance et parfois c'est pour me signifier qu'il va mieux, voilà ! Ça, c'est une certitude.

ARMANDE : Il veut qu'on s'occupe de lui, beaucoup, longtemps, tendrement. Je ne suis pas prête à jurer que vous êtes capable de lui apporter de la tendresse ; à chacun selon ses moyens. Sa fille et moi, nous sommes là pour ça. Il voulait réunir son monde. Je reconnais que cela peut ressembler à une dernière volonté. On dirait que votre dévouement serait dévalorisé par son rétablissement... C'est singulier, tout de même !

FREDERIC : Vous ne l'admirez pas... Vous ne pourriez pas parler ainsi si vous l'admiriez !

ARMANDE : *(à Mathilde)* J'admire votre père. C'est un grand compositeur. C'est un homme difficile. Il m'a retourné des lettres où je parlais de son talent. Elles étaient raturées. Au-dessus du mot "talent", qu'il avait biffé, il avait écrit : "génie".

FREDERIC : C'était de l'esprit !

ARMANDE : A peine.

FREDERIC : Vous avez encore besoin de moi ?

MATHILDE : Non, merci. *(Il sort. Un temps.)* Frédéric de Vit Carnasse a lu vos lettres... Il me l'a dit avec cynisme. Et il a lu celles que mon père vous adressait.

ARMANDE : Il a dû parfois s'ennuyer. Une correspondance aussi étalée est porteuse de redites. C'est inévitable. Votre père me décrivait les caresses spéciales qu'il me réservait pour nos retrouvailles, si bien qu'on avait l'impression que c'était déjà fait quand on se revoyait. On finissait calmement par dîner chez moi de viande froide et de bonnes bouteilles et on s'allongeait pour se reposer un peu. Mais sa respiration devenait plus lourde. Sa bouche s'ouvrait mollement et il se mettait à ronfler. Un génie musical ronfle aussi. Nous avons été des amants tardifs... Je veux dire, on s'est connu un peu trop tard. J'étais mariée. Je connaissais ses œuvres. Lorsqu'il est venu jouer une de ses compositions dans notre ville, j'ai demandé à mon mari de m'accompagner. Ce récital me passionnait. Mon époux était fatigué. Plutôt que de m'avouer qu'il ne tenait plus debout et qu'il se fichait de la musique, il m'a déclaré que les choses exaltantes se goûtaient dans la solitude. Et je suis allée seule à ce concert. Après le concert, je suis allée dans la coulisse et j'ai vu votre père. Il ne m'a pas laissée parler. Il m'a dit à la fin de son monologue : "Quel est votre compositeur préféré ?" Il m'aurait méprisée si je lui avais répondu : "C'est vous". Alors j'ai dit la vérité ce qui est la plus grande des ruses : il m'a estimée, puis aimée. J'avais finalement calculé mon coup.

MATHILDE : Qu'avez-vous répondu ?

ARMANDE : J'ai dit : "C'est Jean-Sébastien Bach". Il a dit que j'étais belle, insolemment, et qu'il voulait me faire une... série de petits musiciens. Si cela s'était réalisé, vous seriez aujourd'hui la grande sœur de tout un tas de petits frères plus ou moins doués. On l'a échappé belle.

MATHILDE : *(souriant)* Nous sommes des femmes ! Nous pouvons nous dire des choses agréables sans éclater de vanité...

ARMANDE : Je crois, oui.

MATHILDE : Vous êtes très fascinante. Impressionnante. Mon père vous a aimée...

ARMANDE : J'espère qu'il m'aime encore... Je suis complètement folle. Mais j'espère.

MATHILDE : C'est très émouvant.

ARMANDE : Lorsqu'il m'a déclaré qu'il m'adorait, je ne demandais qu'à le croire pourtant il y avait en moi beaucoup de méfiance.

MATHILDE : Pourquoi ?

ARMANDE : Je me disais : son adoration, est-ce qu'elle arrivera à se frayer un petit chemin au milieu de la forêt de tous ses autres sentiments.

MATHILDE : Il était très vulnérable, n'est-ce pas ?

ARMANDE : Très, oui.

MATHILDE : Désespéré par les mauvaises critiques... Anéanti par un échec...

ARMANDE : Oui, mais paniqué par un triomphe, intrigué par un succès. Vive le créateur dont on ne partage pas la vie !

MATHILDE : L'avez-vous vraiment partagée ?

ARMANDE : *(un temps)* Je crois bien que oui. Je mourais de frayeur lorsqu'on donnait une de ses œuvres. J'avais cent fois plus peur que lorsque j'entrais sur scène moi-même. Blême, crispée… Avec les tripes qui montent jusqu'au cœur. Quelle horreur !

MATHILDE : Je n'ai jamais ressenti cela !

ARMANDE : Tant mieux. Guetter les mines, les réactions ; tendre l'oreille aux commentaires. Eh bien, cette souffrance, ce n'était pas encore assez. Un soir, je me suis précipitée dans la loge pour lui dire : "C'est merveilleux, les gens sont ravis... Ça va très bien... Je suis heureuse". Et il m'a répondu : "On voit que ce n'est pas toi qui as composé ce tas d'ordures !".

MATHILDE : Non !

ARMANDE : Authentique.

MATHILDE : Je le savais capable d'être odieux... mais pas à ce point !

ARMANDE : C'est toujours ce qu'on dit. Comme si on pouvait être aimablement odieux, ou assez odieux. On est odieux comme on est vierge ou comme on est honnête : c'est monolithique... Je veux absolument oublier qu'il a été légèrement coriace !

MATHILDE : Vous êtes généreuse !

ARMANDE : Personne ne mérite la pitié ou l'indulgence. Tout le monde mérite la générosité. Je suis actrice. Avez-vous vu un danseur cul-de-jatte ou un violoniste manchot ? Une actrice qui n'est pas généreuse n'a pas de charme !

MATHILDE : Je ne comprends pas votre attitude. Moi, je suis dure. Je ne pardonne rien à mon mari.

ARMANDE : Vous l'aimez ?

(Un long silence. Elle guette la réponse.)

MATHILDE : Je ne l'aime que lorsque je le trompe. Je vous choque ?

ARMANDE : Pas du tout. Il y a 683 pièces de théâtre qui relatent ce genre de situation.

MATHILDE : 683 ? D'où tenez-vous ce chiffre ?

ARMANDE : C'est un ami professeur qui me l'a affirmé. Il prétend connaître le théâtre parce qu'il passe son temps à le décortiquer.

MATHILDE : Comme c'est drôle !

ARMANDE : Quand il pérore, ce n'est pas drôle du tout... C'est aussi passionnant que les hommes qui parlent de l'amour en énumérant les positions. Je n'ai jamais trouvé une femme troublée par ce genre de communication arithmétique, et pourtant ils s'entêtent !

MATHILDE : Vous n'aimez pas les hommes ?

ARMANDE : Je ne sais pas... Ça n'a plus d'importance. Mon drame c'est que je n'aime pas automatiquement les autres tout en détestant la solitude. C'est peut-être pour cela que je ne suis pas une excellente actrice.

(Un temps.)

MATHILDE : Je suis heureuse que vous soyez venue. On craignait de ne pas vous retrouver... Frédéric a été tenace et astucieux.

ARMANDE : Le jour où vous en aurez assez de moi, dites-le-moi.

MATHILDE : C'est mon père qui décidera lorsqu'il sera guéri. Venez, je vais vous montrer votre chambre.

ARMANDE : Vous êtes très belle !

(Elles sortent tandis que Frédéric entre et voit les deux femmes s'éloigner.)

FREDERIC : A quoi je sers mon Dieu ? A quoi je sers ? Vous jouez avec moi. Vous jouez n'est-ce pas ? Ces servantes, passe encore, je leur ai interdit de voir le Maître, mais maintenant, il voit sa fille et cette saltimbanque et il va bien. Il se sent bien. Mes soins, mes prévenances, mes sommeils troublés comme ceux des chiens de garde qui entendent des pas, ma peur, mon cœur qui saute dans ma poitrine lorsque le vieux râle... tout cela m'apporte quoi ? Le sourire qu'il affiche lorsque les guenons s'approchent de sa couche et se penchent au-dessus de ses narines pour l'étourdir de leurs parfums de fleurs vénéneuses ! Ainsi, voilà le paradoxe que vous aimez manier, Ingénieur du monde : il sera sur ses jambes de vieillard noueux et vert et moi je goûterai cet amer plaisir de le voir guéri sans ignorer à qui je dois cette résurrection ! Je ne sais plus quel jour de la semaine, vous avez décidé de créer les oiseaux, mais qu'auriez-vous dit s'ils avaient plané au-dessus de vous le jour même pour se délester de leur fiente sur votre auguste tête ? On se moque de moi ! Vous avez créé l'homme, ergo : l'homme est votre créature. Moi, j'ai créé mon malade. C'est mon impotent ! On devrait se comprendre. On devrait pouvoir causer, non ?... Entre créateurs ?

(Sur cette dernière phrase, Armande est entrée. Elle tient un pistolet à la main. Il se retourne vivement.)

Vous avez une arme ?

ARMANDE : Elle était dans la chambre du grand homme. A sa portée. Vous trouvez cela prudent ?

FREDERIC : C'est son pistolet !

ARMANDE : Un pistolet chargé à la portée d'un homme qui souffre. C'est une invitation à en finir.

FREDERIC : Je n'avais pas vu cette arme.

ARMANDE : Vrai ?

FREDERIC : Je vous le jure.

ARMANDE : Vous devriez aller vous reposer.

FREDERIC : Je ne peux pas me reposer. Il y a trop de choses qui vont mal, ici.

ARMANDE : J'y suis pour quelque chose ?

FREDERIC : Je ne sais pas.

ARMANDE : Vous avez votre idée.

FREDERIC : Quand sa fille n'était pas là, j'étais seul à m'occuper de lui !

ARMANDE : Qu'est-ce que cela peut bien vous faire que nous soyons quatre, ou dix, ou quinze !

FREDERIC : On a une mission sur la terre.

ARMANDE : Une mission c'est un terme militaire.

FREDERIC : C'est religieux.

ARMANDE : Soit.

FREDERIC : Quelle est votre mission à vous ? Vous la connaissez ?

ARMANDE : Je ne me suis pas posé la question.

FREDERIC : Eh bien, posez-vous-la.

ARMANDE : J'avais une vocation. J'avais donc, peut-être, reçu... "mission" d'émouvoir ou de faire rire.

FREDERIC : Ça n'est pas sérieux.

ARMANDE : Que voulez-vous dire ?

FREDERIC : Je veux dire que vous n'avez rien fait de sérieux.

ARMANDE : Je trouve, au contraire, que c'est très sérieux. Nous ne sommes pas d'accord. C'est tout. Je ne veux pas discuter avec vous.

FREDERIC : Vous me traitez comme un valet.

ARMANDE : Vous seriez un noble, distingué, cultivé, raffiné, bel homme, riche et séduisant, je vous dirais : "je ne veux pas discuter avec vous", car vous dites des sottises sur un art que vous ne connaissez pas. Votre Maître est artiste, lui aussi. Vous le méprisez ? Des notes sur une portée puis sous les doigts, c'est futile ?

FREDERIC : Ha ! Ha ! J'attendais ça ! La musique c'est autre chose ! Autre chose ! C'est écrit dans la Bible ! "Et le troisième jour, Dieu inventa la musique".

ARMANDE : On ne doit pas posséder la même Bible. Ou alors j'ai une mauvaise traduction.

FREDERIC : Vous rendez-vous compte de ce que vous faites ? Si demain ou après-demain on vous demande de jouer le rôle d'une femme qui souffre mille morts, qui est atteinte dans sa chair, comment inventerez-vous cette douleur ? Vous affublerez votre visage de grimaces qui évoquent la torture. Vous ferez semblant ! Vous voyez mon Maître souffrir et ensuite, vous singez sa douleur. Et si ce n'est pas crédible vous le refaites et le refaites encore. Je suis très étonné que mon Maître soit tombé follement amoureux d'une saltimbanque !

ARMANDE : Tous les grands imaginatifs sont des enfants. Les saltimbanques les amusent. Excusez-le. Bonsoir. *(Elle va pour sortir.)*

FREDERIC : Décidément, rien ne vous heurte !

ARMANDE : Si. Je suis gênée par les hommes qui détestent à ce point les femmes.

FREDERIC : Ecoutez-moi. Je veux faire le bien. Je vous le jure. Ce qui est bien, c'est de prier pour la guérison de mon Maître et ce qui est bien aussi, c'est de souhaiter qu'il souffre beaucoup pour que j'accomplisse ma mission. Comment voulez-vous qu'il y ait des saints s'il n'y a pas de malheur ?

ARMANDE : Le malheur aime revêtir des formes qui surprennent. C'est un dramaturge de génie. Ne confondez pas votre tâche avec un sacerdoce.

(Un temps.)

FREDERIC : Vous croyez que le Maître va mourir ?

ARMANDE : Non. Je crois qu'il va guérir. Vous allez vous ennuyer.

FREDERIC : Je resterai auprès de lui. Je suis son homme de confiance.

ARMANDE : Son homme de confiance... Oui. Admettons.

FREDERIC : Vous doutez ?

ARMANDE : Vous serez bien récompensé ! Un petit bout d'héritage peut-être...

FREDERIC : Connaissez-vous sa fortune ?

ARMANDE : Non, et vous ?

FREDERIC : Moi non plus.

ARMANDE : Alors vous n'êtes pas son homme de confiance.

FREDERIC : Vous croyez m'inquiéter ?

ARMANDE : Franchement, je ne vous inquiète pas ?

FREDERIC : Franchement, un peu, oui.

ARMANDE : Bon, vous me redonnez confiance. Une bonne artiste doit inquiéter.

FREDERIC : Je suis un homme hanté par le devoir. Je veux faire le bien. Et en même temps, mes pensées sont empoisonnées.

ARMANDE : Ça se sent !

FREDERIC : Je devrais, par exemple, vous remercier d'être là. Nous souhaitons tous les deux la guérison de mon Maître. Et pourtant j'aimerais bien vous tuer... Et le faire lentement pour que votre souffrance soit gigantesque. Je me sens capable de jouer du clavecin dans un jardin gorgé de parfums tout en vous regardant brûler à petit feu sur un fagot que j'aurais allumé.

ARMANDE : Comme on dit dans mon métier, vous en faites beaucoup !

FREDERIC : On n'en fait jamais assez !

ARMANDE : Vous parlez de votre mission. Moi je vous parle d'un rôle.

FREDERIC : Ça ne me concerne pas ! Je ne suis pas un saltimbanque... Le zèle n'est pas une tare. Dieu tranchera. Il nous juge. Il nous observe.

ARMANDE : Oh oui ! Il est dans le trou du souffleur. Il n'en perd pas une !

FIN DU SIXIÈME TABLEAU

SEPTIÈME TABLEAU

Sophie, Mélanie et Laurencine sont debout dans les baquets. Mélanie s'arrête et éponge la sueur qui perle sur son visage et sur ses épaules, sa poitrine, ses bras.

SOPHIE : Tu poses de ces questions ! Tu demandes pourquoi on a si chaud... C'est parce que c'est l'été, tiens !

MELANIE : C'est l'été ?

SOPHIE : Bien sûr. C'est le premier jour de l'été.

MELANIE : Mais c'est vrai ! Je n'en peux plus. J'arrête.
   (Elle s'assoit sur le rebord du bac.)
Cela fait un an que mon homme est parti... Tu crois à la dignité ?

SOPHIE : Pourquoi tu me parles de la dignité ? C'est le moment.

MELANIE : Moi j'avais beaucoup de dignité. J'y tenais. Quand mon homme m'a dit qu'il partait j'ai perdu ma dignité. Je me suis traînée à ses pieds.

SOPHIE : Et maintenant que tu y penses, tu regrettes ?

MELANIE : Je regrette de ne pas m'être attachée à sa culotte avec des chaînes impossibles à défaire. Je regrette de ne pas m'être transpercée le ventre avec une bouteille cassée, devant lui, pour qu'il ait pitié. Je regrette de ne pas lui avoir coupé la queue avec mes dents !

SOPHIE : Mélanie ! C'est pas possible de parler comme ça. Plains-toi après qu'ils nous prennent pour des chiennes, les hommes !

MELANIE : L'amour c'est ça, ou ça n'est rien !

LAURENCINE : *(à Mélanie)* Tu dis n'importe quoi ! *(A Sophie)* Pourquoi

dis-tu qu'ils nous prennent pour des chiennes ? Pourquoi dis-tu cela ? C'est faux
C'est affreux !

SOPHIE : Tu t'y connais toi, pour protester ! Tu t'y connais hein ?

LAURENCINE : Plus que toi

SOPHIE : Elle est folle. C'est ce travail qui te rend folle ?

LAURENCINE : Moi je suis sortie de cette maison, le soir, pendant que
vous étiez en train de dormir. Vous étiez comme des mortes avec des grands
creux noirs dans le visage, les cheveux collés au front. Et moi, j'avais encore de
la force. Je suis sortie. J'ai rencontré un fermier ou un berger... Enfin, un de la
campagne. Et... et c'était bien, voilà.

SOPHIE : Le soir ? Quand le soir ?

LAURENCINE : Quand on a le quart d'heure de repos dans la journée,
vous, vous allez au lit, moi je sors prendre l'air. J'ai vu un homme très beau et lui
il m'a vue. Et puis ça a recommencé. Et puis ça a re-recommencé et un matin on
a eu le temps de se parler une minute et on s'est donné un rendez-vous pour la
nuit et j'y suis allée... Et... Et c'était bien, voilà !

SOPHIE : Tu vas le revoir ?

LAURENCINE : Ça ne te regarde pas.

SOPHIE : Elle est folle. On va toutes le devenir ici. J'arrête à la fin de l'été !
Je n'en peux plus ! Je suis en train de me tuer ! Je suis tellement fatiguée que je n'ai
même plus envie d'un homme. Vraiment, je n'en peux plus. Je sens mauvais !

(Elle se sent.)

C'est vrai : je sens mauvais.

(Elle défait sa blouse et montre sa poitrine aux autres.)

Regardez ça ! Personne n'en profite... Ça consolerait un chômeur quand
même, non ?

MELANIE : Si Frédéric entrait !...

SOPHIE : Cet impuissant...

(Mélanie et Sophie rient. Sophie se rajuste.

*Et soudain, une longue plainte, un cri de douleur étouffé sort de la bouche de
Laurencine qui tombe à la renverse. On dirait une crise d'hystérie. Sophie se précipite
pour tenter de la relever.)*

MELANIE : Mais qu'a-t-elle ?

SOPHIE : Va chercher quelqu'un !

(*A Laurencine gémissante.*)

Mais qu'est-ce que tu as ma poupée ? Qu'est-ce que tu as ?

(*A Mélanie*)

Mais va ! Crie au secours !

MELANIE : Mathilde et Frédéric sont en ville.

SOPHIE : Charlotte ! Appelle Charlotte !

(*Mélanie est partie en courant. Elle revient, suivie presque aussitôt de Charlotte qui vient vers Laurencine étendue et Sophie en larmes, qui la berce comme elle le ferait avec un jeune enfant malade. Mélanie a couru dans la direction des appartements du Maître. Elle revient. Au bout d'un instant, paraît Armande.*)

ARMANDE : Ecartez-vous, donnez-lui de l'air ! Charlotte ! Un chiffon mouillé, bien frais !

(*Charlotte s'exécute.*)

SOPHIE : Elle se plaignait. Elle gémissait. Et moi, je me suis moquée d'elle. Je l'ai rendue furieuse... (*Elle pleure.*)

ARMANDE : Essayons de l'allonger sur la table.

(*Elle tamponne le visage de Laurencine avec le chiffon mouillé.*)

Allons-y. Attention. Doucement. Là. Doucement. Des chiffons sous la tête... Même sales, voyons, ça ne fait rien.

(*Elle continue à lui humidifier le front, tandis que les autres la déposent sur la table.*)

SOPHIE : C'est la chaleur, c'est tout... N'est-ce pas ?

ARMANDE : Je ne sais pas.

(*Laurencine a porté la main à son front.*)

Alors, Mademoiselle, on tient absolument à nous faire peur ? Ça va mieux, on dirait. Allons, allons ne bougez pas. Vous allez arrêter de travailler, vous reposer. Je vous prête ma chambre. Elle est très jolie… Que s'est-il passé ? Un étourdissement ? Vous avez mal ?

(*Laurencine baisse les paupières pour dire oui.*)

Où ? (*Elle ne répond pas.*)

Allons... Où ça ? Nous irons chercher un médecin. Où avez-vous mal ? Au cœur ? Non. Au ventre ? Ah, voilà c'est le ventre !

CHARLOTTE : La nourriture est bonne... Et les autres n'ont pas été malades.

ARMANDE : Dites-moi, petite fille, belle petite fille : Charlotte et Sophie et Mélanie sont-elles vos amies ?

(Laurencine fait un vague signe de tête affirmatif.)

Et moi ?

(Signe affirmatif.)

Alors je vais dire une stupidité. Une grosse stupidité et si vous n'êtes pas d'accord, vous ferez non avec la tête. C'est compris ? Voilà, nous sommes entre femmes, entre amies et je dis : "Vous êtes enceinte".

(Laurencine ne bouge pas. Elle pleure doucement.)

Voilà. Bon, pour l'instant, je ne veux pas en savoir davantage. Je vais voir Mathilde. Si, si. C'est une amie elle aussi. Dès qu'elle sera rentrée, j'irai lui parler. Tout ira très bien. Laissez-la ici un moment. Elle va mieux. Charlotte, appelez-moi dès que Mathilde sera de retour.

(Elle sort.)

FIN DU SEPTIÈME TABLEAU

HUITIÈME TABLEAU

Quelques jours plus tard.
Le petit matin. Frédéric entre, encore ensommeillé. Il achève de se vêtir.
Laurencine est là. Elle est debout dans le baquet, absorbée par sa tâche.

FREDERIC : Déjà là ! Le soleil n'est pas encore campé sur ses rayons. Tu n'arrives plus à dormir ou quoi ?

LAURENCINE : Je suis en retard.

FREDERIC : Les autres t'aideront.

LAURENCINE : Je ne veux pas.

FREDERIC : Allons, allons. Arrête un peu. Tu n'es pas encore en état... Tu es fatiguée... Ce malaise, c'est sûrement la besogne.

LAURENCINE : Cette semaine aussi j'ai besoin de la prime.

FREDERIC : Tu vas être riche !

LAURENCINE : Vous ne me la donnerez pas si le travail n'est pas fait.

FREDERIC : Je suis honnête. Effectivement, je ne te la donnerai pas si le travail n'est pas fait.

LAURENCINE : C'est très bien. Laissez-moi travailler.

FREDERIC : Je te gêne ?

LAURENCINE : Un peu.

FREDERIC : Tu sais l'heure ? Quatre heures du matin.

LAURENCINE : Je prends deux heures d'avance.

FREDERIC : Je suis honnête, mais je suis gentil. Je vais demander à Charlotte qu'elle te donne un paquet plus petit.

LAURENCINE : Je ne veux pas tricher.

FREDERIC : Comme tu voudras. Bon courage.

(Il va pour sortir.)

Fais quand même attention à ta santé. Le travail sans la santé c'est du saccage !

(Un temps.)

Tes jambes sont plus robustes que tes bras ?

(Un temps.)

J'aurais parié le contraire...

LAURENCINE : *(soulève sa jupe et montre ses genoux et ses cuisses)* Hé ! J'ai de bonnes jambes ! On regarde, on ne touche pas.

FREDERIC : Il n'est que quatre heures et tu as déjà chaud. Ça se voit que tu as déjà chaud. Il y a des gouttes qui roulent le long de ton cou.

(Laurencine a cessé de piétiner le linge. Sans s'occuper de Frédéric, elle sort du baquet, retroussant ses jupons. Maintenant elle s'active et frotte avec les bras. Elle essore, prépare les tas qui iront au séchage. Puis elle revient vers le baquet, recommence.)

Le Maître a passé une bonne nuit. Pas de douleurs. Il guérit... Il guérit ! Qu'est-ce que tu feras quand il sera guéri ? Tu n'auras plus de travail ici. Et en ville, ils ferment tout. Le petit atelier qui brodait des chasubles - il employait douze filles, une affaire importante - il vient de fermer. Plus du tout de travail.

Il faudrait que tu te maries... Ça, c'est la meilleure solution... Tu n'as pas envie ? Il paraît que c'est bien. Tu fais de la cuisine à un homme, il est heureux. Tu te glisses à côté de lui, le soir, il est heureux. Et le matin, très tôt, avant de mettre du beurre sur ses tartines, tu te serres contre lui. Il a bien chaud... C'est bon ça aussi, non ? Il a les jambes tendues, à plat, et toi, tu es sur le côté. Comme ça, tu peux poser ta cuisse en travers de ses jambes... Remarque, tout ça, on peut le faire sans être marié, finalement. C'est vrai. Il y a des femmes qui font tout ce que je te raconte sans être mariées. Tu ne me crois pas ? Ça, je t'assure que c'est vrai. Absolument. Ça te dépasse, parce que toi, tu es sérieuse et c'est du mérite d'être sérieuse, quand on est une beauté comme toi.

(Un temps.)

Tout à l'heure, en me levant, j'ai pensé à toi, à la façon appliquée dont tu travailles, à la manière dont tu bouges. J'avais chaud rien que de l'imaginer. Je suis sorti un instant, avant de m'habiller. Il n'y avait pas de vent du tout. L'herbe est mouillée... On dirait qu'il a plu toute la nuit. Et les herbes sont tellement hautes... tellement, que... Tiens, toi, par exemple, si tu te promenais au milieu de ces herbes hautes, on ne verrait que ta tête. Juste ta tête qui dépasserait. On ne verrait pas du tout ton corps. Un peu les épaules, de temps en temps, mais pas le reste. Tu pourrais te promener nue. C'est pas mal l'été. Tu serais nue dans l'herbe. Après, évidemment, tu serais mouillée. Mais tu n'aurais pas froid. Au contraire, ça fait du bien au corps.

(Un temps. Il change de ton.)

Arrête un peu de frotter ! Je te dis d'arrêter !

(Impressionnée par le ton impératif, elle arrête.)

Viens là. Viens un moment.

(Elle ne bouge pas.)

Bon. Excuse-moi. Je te fais perdre du temps. Tu n'as pas le temps de venir à moi. Alors...

(Il vient vers elle.)

Moi, je vais vers toi, voilà. Tu vois ?

(Il a avancé très lentement, d'un pas qui se veut souple et avec la soudaineté d'un geste de fauve, il lui saisit les cheveux et tire sa tête en arrière. Elle gémit.)

LAURENCINE : Lâchez-moi... Ça fait mal... Ça fait mal !

FREDERIC : Tu ne sais pas si ça fait mal. Quelquefois, tu dois dire : "ça fait mal", alors qu'en même temps ça fait beaucoup de bien. Tu ne sais plus où tu en es... Réponds-moi. C'est vrai que parfois ça fait mal et on dit que ça fait du bien ? Ce sont des mensonges ou on le pense vraiment ? Alors toi, belle comme tu es, tu prends ta beauté pour un don du ciel et tu te crois tout permis.

(Laurencine gémit.)

LAURENCINE : Arrêtez ! Au secours !

FREDERIC : *(sort un couteau)* Ne crie pas ! Si tu cries, je t'enfonce ce couteau dans le cœur... Tu crois que ce sera un crime ? Ça ne sera pas un crime puisque tu fais le mal et que je punis le mal. Dis-moi quel mal tu fais... Allons, dis-moi !

LAURENCINE : Je ne fais pas le mal ! Je vous jure ! Je ne fais pas le mal !

FREDERIC : Orgueilleuse ! Tu crois que tu peux le savoir ? Comment pourrais-tu le savoir ? Tu as le cœur qui bat plus vite, hein ? Et la peau qui frémit ? Et tu ressens du plaisir lorsqu'il te caresse, non ?

LAURENCINE : Je ne sais pas de quoi vous parlez !

FREDERIC : Bien sûr ! Innocente ! Toujours innocentes les femmes ! Allons raconte-moi ce qu'il te fait ! Raconte.

LAURENCINE : Lâchez-moi ! Lâchez-moi !

(Soudain Laurencine se dégage et sort en courant. Frédéric demeure interdit quelques secondes et court à son tour pour rattraper Laurencine.

La scène reste vide un instant. Entre Charlotte, mal réveillée. Elle regarde les lieux en tendant l'oreille. Puis Frédéric entre en portant Laurencine dans ses bras. Il s'arrête lorsqu'il voit Charlotte.)

FREDERIC : Elle a encore eu un malaise. C'est grave cette fois... Elle est tombée sur la margelle du puits. Allons, aide-moi ! Tu vois bien qu'elle perd son sang.

(Charlotte s'approche.)

Va chercher du secours ! Allez, va ! Ne reste pas là, plantée comme un épouvantail !

FIN DU HUITIÈME TABLEAU

NEUVIÈME TABLEAU

Même lieu.

Le lendemain dans la journée. Tout le monde est là, autour de Mathilde qui achève de parler à tous du drame qui vient de frapper la maison.

MATHILDE : On parle trop souvent des femmes en fonction de leurs faiblesses. J'avais pardonné sa faute, mais je ne lui avais pas dit que je lui pardonnais. Dire ! Dire ! Voilà l'essentiel. Je me demande si le risque qu'elle a pris en travaillant si tôt, si durement, a eu pour seul motif de rattraper son retard et de percevoir la prime. Charmante et naïve Laurencine, belle comme l'aurore... son acharnement au travail avait plutôt l'accent d'une pénitence. Et cela est devenu un châtiment. C'est absurde. Monsieur de Vit Carnasse aidé de Charlotte a fait ce qu'il a pu. Hélas, il était trop tard. Frédéric, vous ferez le nécessaire pour retrouver sa famille, vous accomplirez les formalités. Aujourd'hui, Armande et moi-même nous soignerons mon père.

(Aux femmes.)

Vous ne travaillerez pas mais vous serez payées. Je vous demande de vous recueillir et de prier.

(Elle sort. Tous les autres sortent sauf Charlotte qui pleure doucement. Après un court instant, Armande rentre.)

ARMANDE : Charlotte, notre malade veut du thé. Il va bien. Il a demandé de vos nouvelles.

CHARLOTTE : Tant mieux.

ARMANDE : Il n'y aura pas que le malheur dans cette maison... Il va bientôt se lever, vous verrez... *(Un temps)* Cette mort nous bouleverse tous ; mais ne restez pas ainsi, prostrée, Charlotte. Faites du thé, s'il vous plaît.

(Elle va pour sortir.)

CHARLOTTE : Dites Madame, je peux vous dire juste un mot ?

ARMANDE : Oui ?

CHARLOTTE : Si je mets un bouquet de violettes sur le purin en disant "Quelle odeur !" on n'est pas obligé de croire que je parle des fleurs !

ARMANDE : Qu'est-ce que c'est que ce langage ? Qu'est-ce que ça veut dire ?

CHARLOTTE : Ça veut dire que Monsieur de Vit Carnasse ça faisait un moment qu'il était avec Laurencine et que le temps que j'arrive, il s'en est passé des choses. C'est tout. Je vais faire du thé pour le Maître.

ARMANDE : Attendez ! Pourquoi aurait-il fait cela ?

CHARLOTTE : Parce qu'il "voulait" et qu'elle "voulait" pas.

ARMANDE : Vous n'aimez pas Frédéric de Vit Carnasse...

CHARLOTTE : Non... Pas beaucoup... Mais moi, ça me donne du souci ce qui s'est passé... Alors, si je l'aimais Monsieur de Vit Carnasse, comme si c'était mon fils... ou mon amoureux, *(elle se signe)* il faudrait que je ne dise rien et là, on pourrait dire que je suis une vraie menteuse. Et si je ne l'aime pas et que je dis ce que je sais, on dit aussi que je suis une vraie menteuse parce que je veux lui nuire. Vous pensez que je veux lui nuire ?

ARMANDE : Je ne sais pas. C'est possible. Quand on n'aime pas quelqu'un...

CHARLOTTE : On invente... Vous pensez que j'invente ? Bien. Alors, je ne dirai plus rien.

ARMANDE : Ne vous fâchez pas.

CHARLOTTE : J'ai des raisons pour.

ARMANDE : J'ai confiance en vous. *(Silence)* Je vous jure que j'ai confiance en vous.

CHARLOTTE : J'ai pas de haine. J'ai entendu Laurencine crier : "Lâchez-moi, lâchez-moi !"

ARMANDE : Et ensuite ?

CHARLOTTE : Il est revenu avec la petiote dans les bras... Et elle était sans vie. Elle a reçu des coups violents, je vous le jure. Des coups. Des coups violents. Il a nettoyé le sang pendant que j'allais chercher du secours.

ARMANDE : Ne parlez à personne. Allez voir votre Maître. Apportez-lui du thé. Il va mieux. Ecoutez-le. Il a envie de parler. Il va tellement mieux !

CHARLOTTE : S'il voit ma tête je vais le faire rechuter !

(Elle sort. Entre Mathilde.)

MATHILDE : Pauvre Charlotte. Elle est toute retournée. Je ne la reconnais plus. Elle évite mon regard. Elle va partir. Mon père restera seul.

ARMANDE : Non. Il faut que vous restiez bien sûr.

MATHILDE : Je le souhaitais. Mais il y avait une lettre ce matin... De mon mari. Notre courte séparation lui a donné du courage : il veut que nous nous quittions. Il ne pouvait pas me le demander en affrontant mon regard. Pourtant, c'est moi la coupable.

ARMANDE : Coupable !

MATHILDE : Sa lettre est belle. Elle est sans haine. Il dit qu'il a souffert et qu'il ne le supporte plus. Il dit que nous ne formons plus qu'une vague association qui tient parce que trois jeunes enfants en constituent le ciment fragile. C'est vrai, sauf qu'il aurait dû écrire "plâtre" au lieu de "ciment". Il faut que nous en parlions tous les deux.

ARMANDE : Vous vous y attendiez ?

MATHILDE : Non. Il ne disait rien.

ARMANDE : Redoutable.

MATHILDE : C'est dur, vous savez. Je ne croyais pas à quel point cela l'était. Je n'aurais pas pu l'imaginer.

ARMANDE : On ne peut pas l'imaginer. Personne ne peut.

MATHILDE : Il sait pourtant que je suis auprès de mon père et que je suis inquiète et, cependant, il ne m'épargne pas. Cela prouve bien qu'il ne m'aime plus.

ARMANDE : Cette conclusion est trop rapide.

(Un temps.)

MATHILDE : Et vous, vous resterez ?

ARMANDE : Pas très longtemps. Moi aussi j'ai reçu une lettre. Coïncidence. Mais elle ne me propose pas une rupture, bien au contraire : une collaboration. Un auteur russe, très célèbre dans son pays, est arrivé à Paris et veut me rencontrer. Il veut que je joue l'une de ses pièces.

MATHILDE : Vous le connaissez ?

ARMANDE : Non. Mais je lui fais confiance. Il est remarquablement doué. Vous entendrez parler de lui, si Dieu lui prête vie car il est déjà bien malade et doit régulièrement s'interrompre pour se reposer en Crimée.

MATHILDE : Et mon père ?

ARMANDE : Bah ! Il a murmuré mon nom, et après ? Une nostalgie pas plus... et de ma part, une tentation : comme un faux bon rôle. Méfiance. Ça c'est une vraie preuve. Si je l'aimais encore, je ne serais pas méfiante.

MATHILDE : C'est léger... Il vous a appelée ! N'oubliez pas.

ARMANDE : Cet appel c'était le signe avant-coureur de sa vigueur qui est en train de renaître.

MATHILDE : Parlez-lui avant de partir. Je vous en prie.

ARMANDE : Je le ferai.

MATHILDE : Bon. Cela me rassure.

ARMANDE : Je penserai beaucoup à vous... *(Un temps)* Vous êtes sans doute bouleversée... Et je ne devrais pas vous entretenir de ce qui me préoccupe, mais vous avez remarqué qu'un moment choisi pour parler d'une chose très grave est toujours un mauvais moment !

MATHILDE : Je vous écoute.

(Un silence d'Armande.)

Qu'y a-t-il ? Je vous écoute.

ARMANDE Je n'aime pas beaucoup les pratiques policières mais j'aime encore moins l'impunité.

MATHILDE : Pardon, je ne comprends pas.

ARMANDE : Il s'agit d'un acte ignoble.

MATHILDE : Je vous dis que je ne comprends pas.

ARMANDE : *(après un temps)* Frédéric a - de toute évidence - tenté de violenter Laurencine. Elle s'est défendue. Il y a eu une âpre bataille et il l'a tuée !

MATHILDE : Le : "de toute évidence" me fait sourire.

ARMANDE : Je n'étais pas là pour le voir...

MATHILDE : Alors ?

ARMANDE : C'est mon intime conviction.

MATHILDE : Votre intime conviction ! Votre haine pour Monsieur de Vit Carnasse, c'est une véritable passion !

ARMANDE : Madame de La Fayette a dit : "Les passions peuvent me conduire mais elles ne sauraient m'aveugler".

MATHILDE : Votre intime conviction !

ARMANDE : Je tiens un mauvais rôle. J'aurais dû tricher, faire une enquête, prouver, confondre. Je n'ai pas le temps. Dois-je vous supplier de me croire ?

(Un temps.)

On dit que le mensonge fait du mal à l'amitié. La belle affaire... Une intime conviction peut la tuer.

MATHILDE : Interrogez-le. Je ne le protège pas. Il a rendu d'immenses services à mon père et il donnerait sa vie pour lui. C'est tout ce que j'observe. Pour ne rien vous celer, il ne m'intéresse qu'en fonction de ce dévouement. Je quitte cette maison. Je n'ai ni le temps, ni le courage de chercher à authentifier votre intime conviction.

ARMANDE : La mort est entrée dans cette maison. Elle attendait sur le pas de la porte. Elle est entrée et elle s'est trompée. Elle devait prendre votre père ; elle a pris cette enfant de vingt ans qui portait un rayon de miel dans son ventre.

MATHILDE : Il y a de la superstition là-dedans. Les acteurs sont sensibles à cela. On me l'avait dit.

ARMANDE : Qui a tué cette enfant ?

MATHILDE : Est-ce que je sais ? La mort fait ce qu'elle veut. C'est un accident, sans doute.

ARMANDE : Alors, il faudrait s'incliner devant la fatalité et ne pas inquiéter l'assassin présumé ! De Vit Carnasse en liberté, à la dévotion de votre père, ça vous convient, même si c'est un scandale.

MATHILDE : Vous ne comprenez donc pas que je dois partir !

ARMANDE : Si. Alors il faut que je m'occupe moi-même de cet assassin.

MATHILDE : Vous voulez vous substituer aux gendarmes !

ARMANDE : Le plus brave, le plus dévoué des gendarmes ne m'écoutera pas. Il lui faut davantage qu'une conviction... Au moins de fortes présomptions.

MATHILDE : Alors ? Que ferez-vous ?

ARMANDE : Je prouverai qu'un homme ne peut pas porter un si lourd secret s'il croit en Dieu. Et Frédéric de Vit Carnasse croit en Dieu. Il faut qu'il me dise qu'il a commis ce meurtre. Il faut qu'il l'avoue !

MATHILDE : Quelle force vous pousse à faire ce... ce sale travail ?

ARMANDE : Votre père.

MATHILDE : Mon père !

ARMANDE : Il m'aimait parce que je disais la vérité. Je lui disais la vérité. C'est comme ça... Nous les acteurs, nous avons le goût de la vérité. Et puis peut-être aussi le sens des beaux gestes nobles qui nous permettent de faire une sortie avec du panache. Je ne sais pas si j'aurai l'occasion sur une scène de jouer encore des rôles brillants, mais je peux toujours essayer d'étonner votre père... Une dernière joie avant notre mort. Nous nous sommes plus de cette façon-là lorsque nous étions jeunes. On ne change pas vous savez. On croit qu'on change parce qu'on se fatigue, on s'essouffle ou on se résigne, mais on ne change pas. Votre père est un très vieux petit jeune homme. Tant qu'il me restera attaché, tant que je le respecterai, je lui prouverai... ou je me prouverai que moi non plus je n'ai pas changé. J'ai une tâche à accomplir : ça n'est pas un sale travail.

MATHILDE : Tout votre talent contre de Vit Carnasse, c'est cela votre projet le plus immédiat...

ARMANDE : Peut-être...

MATHILDE : Alors, vous restez ?

ARMANDE : Un peu. Le temps de voir clair.

MATHILDE : *(vient vers elle et l'embrasse.)* Il n'y a rien à faire... Nous ne sommes vraiment pas sur la même planète. Tout le monde aime la vérité, vous savez... C'est le mal qu'il faut se donner pour la faire jaillir qu'on aime beaucoup moins.

ARMANDE : Oh, je sais.

MATHILDE : Je suis heureuse que vous restiez... Mais je ne voudrais pas que vous vous exposiez à la violence.

ARMANDE : Vous convenez que Frédéric de Vit Carnasse peut être violent ?

MATHILDE : Bien sûr. Soyez prudente.

(Elles s'embrassent de nouveau.)

FIN DU NEUVIÈME TABLEAU

DIXIÈME TABLEAU

Entre Frédéric.

ARMANDE : Je voudrais vous rendre ceci, Monsieur de Vit Carnasse.
(Elle lui tend le pistolet.)

Il est normal que vous le gardiez. Mais, d'après moi, il ne faut pas le rendre à votre Maître.

FREDERIC : Il est guéri. Il veut se lever demain. Dès demain ! Il sera fragile. Il aura encore besoin de moi.

ARMANDE : Et de Charlotte... Et de moi peut-être !

FREDERIC : De vous ? Mais vous, vous partez !

ARMANDE : Je ne sais pas... J'ai pensé que cet auteur qui veut me rencontrer pourrait venir ici. Ce serait charmant, non ? Il me lirait sa pièce, Charlotte lui ferait découvrir son talent de cuisinière et il perfectionnerait sa pratique de notre langue.

FREDERIC : Vous vous incrustez.

ARMANDE : Si votre Maître ne souhaite plus ma présence, je partirai. Je vais de ce pas lui demander s'il veut que je reste. Nous allons parler un peu. Maintenant qu'il va bien, il peut entendre ce que j'ai à lui dire.

FREDERIC : Vous allez le fatiguer !

ARMANDE : Non. On va s'amuser. Moi je fais des grimaces sur une scène et lui il tapait sur un piano. Des choses pas sérieuses, en somme. Nous appartenons à la même race. Complices. Tout ce que je lui dis, il le croit. Sur un théâtre, on ment. Ce sont des mensonges sublimes mais des mensonges ! Mais dans la vie, il sait que je ne lui mens pas. Je vais donc lui faire part de mon intime conviction.

Je veux dire : je vais lui confier tout ce que je pense de la mort de Laurencine. Cela vous concerne.

(Un silence.)

Cela vous concerne, Monsieur de Vit Carnasse !

FREDERIC : Dans votre métier, on peut raconter n'importe quoi ! On vit dans la fantaisie, l'à peu près, le flou, le romantisme ! Dans le mien, on respecte !

ARMANDE : Parfait. Vous serez respectueux des lois. D'abord, votre Maître vous jettera dehors, comme un rat crevé. Et vous respecterez les traditions de la justice : "Violence ayant entraîné la mort..."

FREDERIC : Et les preuves ? Les preuves ?

ARMANDE : Si je ne prouve rien, vous n'irez pas en prison mais vous quitterez cette maison. Je vous le promets. Je vais le voir de ce pas.

FREDERIC : Ça ne sert à rien... Je lui suis indispensable.

ARMANDE : Non. Pas tant que je vis. Je sais faire ce que vous faites !

FREDERIC : Je ne vous laisserai pas y aller.

ARMANDE : Vous allez me tuer ?

(Elle lui tourne le dos et se dirige vers la sortie, lentement. Il tend le bras tenant le pistolet, mais ne tire pas.)

FIN DU DIXIÈME TABLEAU

ONZIÈME TABLEAU

Quelques jours plus tard.
Armande est seule en scène, un court instant. Entre Charlotte.

CHARLOTTE : Vous voulez me parler Madame, avant de partir ?

ARMANDE : Charlotte... Vous êtes dévouée. Je compte encore sur vous. Tout le monde est parti.

CHARLOTTE : Sauf Monsieur Frédéric de Vit Carnasse.

(Armande saisit la balle au rebond.)

ARMANDE : Justement. Vous n'êtes que tous les deux pour veiller sur notre grand homme. En vous j'ai totalement confiance. Je dis bien : en vous... Vous comprenez ?

CHARLOTTE : Très bien, oui.

ARMANDE : Vous ne serez pas toujours derrière lui pour voir ce qui se passe, pour voir s'il soigne vraiment votre Maître.

CHARLOTTE : Il veut le tuer !

ARMANDE : Mais non, mais non ! Il veut que le Maître ait besoin de lui... toujours. Il veut être indispensable.

CHARLOTTE : Indispensable...

ARMANDE : Il veut... comment dire... Oh, c'est difficile de vous expliquer Charlotte...

CHARLOTTE : Restez Madame, s'il vous plaît.

ARMANDE : Je ne peux pas. Je dois rentrer. Je suis attendue.

CHARLOTTE : Attendue...

ARMANDE : Ecoutez-moi. J'ai menacé Frédéric de tout dire à son Maître. Mais ça n'était qu'une menace. Je ne peux pas le faire. Cela ne servirait à rien. Notre malade n'est pas en état de rassembler des idées, de trancher, c'est-à-dire de prendre la décision de chasser Monsieur de Vit Carnasse ou de m'aider à le confondre.

CHARLOTTE : Le confondre...

ARMANDE : Il a trop besoin de Frédéric. Si on punit Frédéric, si on fait en sorte qu'il soit jeté en prison, votre Maître est abandonné.

CHARLOTTE : Et moi, alors ? Moi je sers à quoi ? Je suis rien ? C'est ça ? Je suis rien ?

ARMANDE : Il faut attendre. Il faut que votre Maître guérisse complètement ; il faut qu'il ait toute sa tête... En attendant nous, nous pouvons agir pour préparer notre attaque contre Frédéric...

CHARLOTTE : Comment ça ?

ARMANDE : J'ai mon idée Charlotte...

(Armande s'approche de Charlotte et lui parle en confidence.)
Il a tué Laurencine.

(Charlotte regarde Armande comme si le rappel de ce fait la terrifiait.)
C'est grâce à vous que je peux affirmer ça, Charlotte.

CHARLOTTE : Il faut rien affirmer, Madame !

ARMANDE : Mais…

CHARLOTTE : J'ai rien dit.

ARMANDE : Si, précisément.

CHARLOTTE : Alors, faites comme si j'avais rien dit.

ARMANDE : Il ne faut pas avoir peur Charlotte.

CHARLOTTE : Ça se commande pas.

ARMANDE : Il suffirait d'une lettre. Une lettre très courte, où vous raconteriez ce que vous avez vu.

CHARLOTTE : Je sais pas bien écrire. Pas eu le temps d'apprendre.

ARMANDE : Je vous ferai un brouillon. Vous me racontez ce que vous savez et moi j'écris. Ensuite vous recopiez... et vous signez. Vous savez signer ?

CHARLOTTE : Un peu... oui.

ARMANDE : Alors ?

CHARLOTTE : Il me tuera. Restez s'il vous plaît. J'ai peur.

ARMANDE : Vous voulez bien écrire cette lettre ?

CHARLOTTE : Je ne peux pas. Je ne peux pas.

ARMANDE : Un criminel impuni, ça ne vous choque pas ?

CHARLOTTE : Même si on le met en prison, il s'échappera et il me retrouvera et il se vengera de moi... Et même si je pars très loin, dans une île, il me retrouvera.

ARMANDE : Il a tué Laurencine. C'est vous qui me l'avez dit.

CHARLOTTE : Je sais bien... Je ne peux rien. Je ne peux pas signer.

ARMANDE : Bon. Alors, que faire ?

CHARLOTTE : Si on arrivait à faire ce qu'on sait qu'il faut faire, on serait moins malheureux. Mais… Je ne peux pas… Je ne peux pas.

(Elle pleure.)

FIN DU ONZIÈME TABLEAU

DOUZIÈME TABLEAU

Quelques jours plus tard.

Frédéric mange et boit. Charlotte vient de le servir mais elle paraît terrorisée. Il tente de contenir une immense fureur en s'acharnant sur les mets qui lui servent d'exutoire.

FREDERIC : Ne m'observe pas comme une chienne battue ! Ne me dis pas que tu n'y es pour rien ! Il a dû appeler ! Crier ! gémir ! Et toi, tu étais où, espèce d'imbécile !

CHARLOTTE : Vous m'aviez dit d'aller chercher un poulet ! J'ai été chercher un poulet !

FREDERIC : Il fallait me dire que tu t'absentais ! Je serais restée près de lui.

CHARLOTTE : Je ne savais pas où vous étiez !

FREDERIC : Où veux-tu que j'aille ? Au village pour danser avec les catins ? J'étais à la chapelle. Je priais ! Tu ne te souviens pas de cela ? Je prie. Et je ne prie pas pour des âmes laides et grossières comme toi. Les prières se salissent quand on les fait pour des êtres crasseux. Et si la crasse s'accumule sur la prière eh bien, tu sais ce qu'elle fait la prière ? Non ? Elle devient lourde... et elle ne peut pas s'é-lever jusqu'au ciel ! Voilà ! Tu n'y avais pas pensé hein, à ça ?

CHARLOTTE : Ben non.

FREDERIC : C'est une attaque qu'il a ! Une attaque ! Il ne peut plus parler ! Il ne peut plus bouger ! Tu es contente ? Eh bien, réponds-moi... Est-ce que tu es contente ?

CHARLOTTE : Bien sûr que non !

FREDERIC : Il ne peut même plus ouvrir la bouche ! Il ne pourra plus manger, plus boire. Rien.

CHARLOTTE : Moi, je trouve qu'on devrait appeler le docteur ! Vous ne voulez pas, mais moi je trouve qu'on devrait.

FREDERIC : C'est tout ce que tu trouves à dire ? Mais c'est pire que ce que je pensais. Tu es la plus idiote des idiotes que j'ai rencontrées.

CHARLOTTE : Pourquoi ? Parce que je dis qu'il faut appeler le docteur ? Il faudrait bien le faire vu qu'il a l'air au plus mal.

FREDERIC : Dis-moi en face que je suis incapable de le soigner. Dis-le-moi ma petite Charlotte.

CHARLOTTE : Si je vous dis ça, c'est moi qui vais être au plus mal !

FREDERIC : *(riant)* Tu me fais rire. Ça prouve quoi ? Tu sais ce que ça prouve le fait que tu me fasses rire ? Ça prouve que Dieu a pitié de toi... Tu as atténué ma colère. Tiens, viens que je t'embrasse.

CHARLOTTE : Ben non, ben non.

FREDERIC : C'est un acte d'amour... Dieu a dit : "il faut aimer les pauvres d'esprit". Viens que je t'embrasse.

CHARLOTTE : Il n'y a pas de mesure avec vous : ou je t'étouffe ou je t'embrasse !

FREDERIC : Viens je te dis.

CHARLOTTE : Non. C'est non.

(Il prend son couteau et va vers elle. Elle recule. Il la saisit et pose la pointe de la lame sur son cou.)

FREDERIC : Je n'ai pas besoin de toi. Il n'a pas besoin de toi. Il a besoin de moi et de Dieu. Je vais te tuer et je vais te traîner dans la forêt. On dira que des brigands en ont voulu... à ton escarcelle. Pas à ta vertu ! Tu t'imagines : trois brigands qui en voudraient à ta vertu ! Qu'est-ce que tu ferais ? Tu crierais ? Ou peut-être que tu glousserais !

CHARLOTTE : Lâchez-moi ! Si vous me faites du mal... Eh bien, lui, il mourra !

(Frédéric la lâche, ébranlé. Il la regarde, étonné.)

FREDERIC : Qu'est-ce que tu racontes ?

CHARLOTTE : Je voudrais partir.

FREDERIC : Partir ? Où ça ?

CHARLOTTE : En ville. Je suis bonne à rien ici... Vous le dites sans arrêt.

FREDERIC : Mais j'ai besoin de toi ma petite dame. Je plaisantais tout à l'heure...

(Il lui enserre les seins de ses deux mains.)

CHARLOTTE : Vous avez fait ça avec Laurencine. Et ça ne lui a pas plu. Elle s'est sauvée. Vous l'avez rattrapée et vous l'avez tuée.

(Il la lâche et la saisit par les cheveux.)

FREDERIC : Tu es une truie qui se roule dans le fumier ! C'est toi que je vais tuer !

CHARLOTTE : Et elle ? Elle, vous l'avez tuée ?

FREDERIC : Ça te regarde ?! Tu fous ton grain dans le fumier. Ça te plaît ? Tu veux crever, toi aussi ?

CHARLOTTE : Elle était belle Laurencine ! Elle devait avoir la poitrine ferme... Et des belles jambes.

FREDERIC : Dieu dirige nos actes ! Tu veux savoir pourquoi il décide de faire cela plutôt que cela ! Et s'il m'avait désigné, moi, pour régler quelques problèmes !

CHARLOTTE : Désigné pour punir Laurencine ! Mais de quoi mon Dieu ! De quoi ?

FREDERIC : Tais-toi ! Tais-toi ! Tu me casses les oreilles !

(Charlotte se met à sangloter.)

CHARLOTTE : Elle était jeune. Elle était belle ! Elle ne faisait rien de mal.

FREDERIC : Qu'est-ce que tu en sais ! Moi, je sais des choses... Pas toi. Parce que les personnes très bêtes ne voient rien. Tu as du fumier sur les prunelles !

CHARLOTTE : Je suis malade maintenant, parce qu'elle est morte cette petite et que je n'ai rien pu faire... Je l'aimais. On ne peut rien pour les gens qu'on aime. C'est pas juste. Dieu s'embrouille dans ses tâches ! C'est moi qui devais mourir ! C'est moi ! Pas elle ! Ça n'est pas juste !

FREDERIC : Tu dis que Dieu se trompe ?! Tu oses dire que Dieu se trompe. Mais c'est sa volonté de se tromper. Donc, Il sait qu'il se trompe... Donc il ne se trompe pas. Donc tu as tort. Donc tu es une ânesse ! Tu m'entends ? Une truie ou une ânesse, au choix !

CHARLOTTE : *(doucement têtue)* Alors, vous l'avez tuée ?

(On a le sentiment qu'il va bondir pour la frapper, mais il fait volte-face et sourit.)

FREDERIC : Non. *(Un temps)* Non, ma grosse chérie. J'aurais bien aimé, mais je n'en ai pas eu le temps ! Ne te mets pas dans des états pareils, tu me fais de la peine. On veut faire de la peine à Frédéric ? Tu voudrais que je te dise : "j'ai tué Laurencine !" Et tu irais en courant le dire à Mathilde, cette belle dame si gracieuse, si élégante... ou bien à la saltimbanque que le Maître a aimée, parce qu'il était jeune, naïf, et qu'elle a abusé de sa bonté. Hein ? Tu le ferais ça, non, si je te disais : "J'ai tué Laurencine"... Oublie tout ça. Ce sont des idées lugubres. Pensons à nous. J'ai besoin que tu restes avec moi.

CHARLOTTE : Si je reste, vous ne pourrez pas être là tout le temps à me surveiller. J'en profiterai pour aller trouver le professeur Sardonnet et je lui dirai de venir soigner notre malade qui ne dit plus un mot !

FREDERIC : Alors va-t'en ! Va-t'en. Je te remplacerai ! Je trouverai quelqu'un de travailleur, de discret... Je trouverai une personne intelligente. Tu es une insulte à ma dignité... Je dois être entouré de gens qui me comprennent et qui me soutiennent et pas par des ronchons avec des allures de crabe et une croupe de vache ! Allez ! Fous le camp ! Fous le camp.

(Elle va pour sortir, effrayée.)

CHARLOTTE : Eh ben, c'est ça, je pars ! J'aurai passé trente ans ici... et je pars. Oui, je préfère. C'est mieux pour moi et pour vous.

FREDERIC : Tu as l'air bien satisfaite de te sauver ! Dis-moi au revoir. Un petit baiser d'amitié car nous avons traversé des épreuves, hein, ensemble... Non ? Allez, viens. Sans rancune.

(Elle se fait un peu boudeuse mais elle tend tout de même la joue.)

Voilà. C'est comme un baiser de paix. Une bénédiction. Tu en auras besoin... Tu n'as plus l'âge de séduire un maître et plus assez de force pour des travaux durs. Alors, il va falloir toi aussi que tu apprennes à prier.

(Il lui tape sur les fesses.)

Mécréante.

(Elle sort.)

FIN DU DOUZIÈME TABLEAU

TREIZIÈME TABLEAU

Frédéric de Vit Carnasse est seul. Il mange et boit avec un féroce appétit. Puis il appelle :

FREDERIC : Laurencine ! Laurencine !

    (Paraît une vieille femme, courbée. Elle est pauvrement vêtue : elle porte un fichu sur la tête d'où dépassent des cheveux blancs. Docile et timide, elle hoche la tête pour montrer qu'elle comprend bien ce qu'on lui dit.)

Tu l'as vu ?

LA VIEILLE : Oui… Il m'a parlé, comme hier, comme avant-hier.

FREDERIC : Il ne me parle pas à moi, mais à toi, il te parle !… Un souffle, un murmure ! Tu as l'ouïe fine.

LA VIEILLE : *(souriant)* Oui Monsieur, j'entends les mouches quand elles se frottent les pattes.

FREDERIC : Et pourtant tu es vieille…

LA VIEILLE : Tant que Dieu m'aime et me confie des tâches, je ne suis pas si vieille que ça, allez…

FREDERIC : Je voulais des jeunes, tu me comprends, mais les jeunes ne veulent pas rester ! Elles disent qu'elles ne peuvent pas s'occuper de quelqu'un qui ne parle pas !

LA VIEILLE : Je comprends Monsieur… Tant pis pour les jeunes, et tant mieux pour moi.

FREDERIC : Tu t'appelles vraiment Laurencine ?

LA VIEILLE : Oui Monsieur… Pourquoi vous me demandez ça ?

FREDERIC : Comme ça… Je voulais savoir si c'était ton vrai prénom…

LA VIEILLE : Vous pouvez m'appeler autrement si ça ne vous plaît pas.

FREDERIC : Si, si. Ça me plaît. Je voudrais que tu demandes au Maître qu'il me parle de nouveau… Il t'écoute. Je te le demande Laurencine. Fais-le. Cela fait huit jours que tu es là, et il te parle à toi ! Moi, j'ai beau lui poser des questions…

LA VIEILLE : Il n'y répond pas, et il répond aux miennes.

FREDERIC : Pourquoi ?

LA VIEILLE : Ben… je ne sais pas Monsieur…

FREDERIC : C'est injuste ! C'est injuste ! Ce silence est-il un reproche ? Je veux savoir. N'ai-je pas le droit de savoir ? Qu'est-ce qu'il t'a dit encore ?

LA VIEILLE : Il m'a dit que des souvenirs de jeunesse le hantaient. Il m'a parlé de ses concerts, de sa fille qui se nomme Mathilde je crois... Est-ce bien cela ?

FREDERIC : Oui…

LA VIEILLE : Il m'a parlé de cette actrice qu'il a connue il y a longtemps et qu'il a aimée... Armande, je crois. Est-ce bien cela ?

FREDERIC : Oui…

LA VIEILLE : Il m'a demandé ce quelle était devenue.

FREDERIC : Ah ?

LA VIEILLE : Oui. Il a insisté.

FREDERIC : Il a insisté ?

LA VIEILLE : Oui, Monsieur.

FREDERIC : Elle est morte.

(Silence de la vieille.)

Tu pourras lui annoncer cette bonne nouvelle.

LA VIEILLE : Bien Monsieur... Je lui dirai que vous êtes sûr qu'elle est morte. C'est bien cela ?

(Frédéric s'irrite.)

FREDERIC : Mais oui ! Je te dis qu'elle est morte ! Elle est morte ! Quelle mouche te pique ? Dis-lui qu'elle est morte, un point c'est tout.

LA VIEILLE : Et vous dites, Monsieur, que, pour lui, ça sera une bonne nouvelle...

FREDERIC : Tu m'agaces ! Je n'ai pas dit ça ! Je n'ai jamais dit que pour lui ça serait une bonne nouvelle ! Pourquoi discutes-tu comme ça ?

LA VIEILLE : Vous voulez que je parte Monsieur ?

FREDERIC : Non... Pourquoi demandes-tu ça ? Toi, ici... Je trouve que c'est bien. Tu laisses un peu trop rôtir la viande et tes sauces ne valent rien, mais tu me donnes de bons conseils... et puis tu es obéissante et raisonnable. Je t'aime bien... Et pas seulement parce que tu me respectes...

(La vieille, qui baissait la tête timidement, le regarde.)

Tu es devenue la voix de cet homme. J'ai confiance en toi. Aide-moi à le bien servir. Aide-moi à être Dieu.

LA VIEILLE : A être Dieu ?

FREDERIC : Dieu m'a donné ses pouvoirs !

LA VIEILLE : Dieu vous a-t-il parlé dans le creux de l'oreille pour vous mettre au courant de ses intentions ?

FREDERIC : D'où te vient ce langage !

LA VIEILLE : Je ne sais pas.

FREDERIC : Tu sens le parfum ! Tu te parfumes ?

LA VIEILLE : Non pas ! Je suis allée au marché ce matin ! Il est probable que j'aie croisé quelques élégantes...

FREDERIC : Je connais ce parfum. Je me le rappelle. C'est celui de Mathilde, sa fille ! Tu as croisé sa fille au marché ?

LA VIEILLE : Je ne la connais pas. Il paraît qu'elle vit bien loin d'ici. Tout le monde est loin ! Nous sommes seuls.

FREDERIC : Qu'est-ce que c'est que ce ton étrange. On dirait que tu veux brandir une menace...

LA VIEILLE : Ah ? Pardonnez-moi... Je suis, comme vous, bouleversée par son teint, sa maigreur, la faiblesse de son souffle... Et je me sens capable de faire un miracle ! Je sens cette force en moi ! Je sens cette formidable volonté d'en-haut de faire un miracle.

FREDERIC : Un miracle ? Oui... Je crois bien que tu pourrais faire un miracle !

LA VIEILLE : Aidez-moi à l'accomplir !

(Elle sort de sa poche, une petite bible.)

Avec le Livre… Le Maître m'a demandé de lire une épître à haute voix, pour que vous l'entendiez…

FREDERIC : Pour que je l'entende, moi ? Il a demandé cela ?

LA VIEILLE : Oui.

FREDERIC : Quelle épître ?

LA VIEILLE : L'épître aux Galates du 14ème dimanche après la Pentecôte.

(Elle montre l'ouvrage et l'ouvre, puis lit.)

"Car la chair a des désirs contraires à ceux de l'esprit, et l'esprit en a de contraires à ceux de la chair, et la contrariété de ces mouvements est cause que vous ne faites pas ce que vous voudriez. Si vous obéissez à l'esprit vous n'êtes point sous la loi. Or il est facile de connaître les œuvres de la chair, qui sont la fornication, l'impureté, l'impudicité, la luxure, l'idolâtrie, les empoisonnements, les contestations, les jalousies, les animosités, les querelles, les divisions, les hérésies, les envies, les meurtres, les ivrogneries, les débauches.et autres crimes semblables, au sujet desquels je vous déclare, comme je l'ai déjà fait, que ceux qui les commettent ne posséderont point le royaume de Dieu."

FREDERIC : Il a demandé que tu lises ça ?

LA VIEILLE : Oui. Il semblait apaisé après cette lecture.

FREDERIC : Et sur moi ? Pas un mot à mon propos ?

LA VIEILLE : Non.

FREDERIC : *(il la serre dans ses bras)* Inspire-moi de bonnes pensées. Demande-lui de me donner la volonté de le servir encore. Je veux demeurer un fou du Seigneur ! Il faut que notre Maître m'aime autant que je l'aime… S'il ne m'aime plus… alors…

(Il montre le pistolet. Très doucement, comme émue, et également comme si elle rassemblait ses forces, elle va chercher du papier, une plume et de l'encre.)

ARMANDE : Il réclame la vérité Monsieur… La vérité. S'il découvre la vérité qu'il cherche, alors, il vous parlera de nouveau.

(Il s'installe pour écrire. Elle est extrêmement tendue et surveille la rédaction de la confession de Frédéric par-dessus son épaule. Il a terminé de rédiger. Il paraît vidé, indifférent. Elle prend la feuille, la plie et la conserve sur elle précieusement, satisfaite. Un long moment, il reste prostré, anéanti. Elle va vers la sortie, se redressant, arrangeant

sa coiffure, si bien qu'elle redevient elle-même : la comédienne Armande qui s'apprête à partir.)

FREDERIC : *(il dit sans intonation aucune)* Laurencine...

(Elle le regarde un moment. Il a toujours l'arme à la main. Elle sort.)

FIN

Imprimé à la demande par Libri Plureos GmbH, Bad Hersfeld, Allemagne

Première édition, dépôt légal : décembre 1999
N° d'édition : 993001
ISBN : 2-84422-128-9